歴史文化ライブラリー
299

鎌倉源氏三代記

一門・重臣と源家将軍

永井 晋

吉川弘文館

目　次

承久の乱　源家将軍の清算

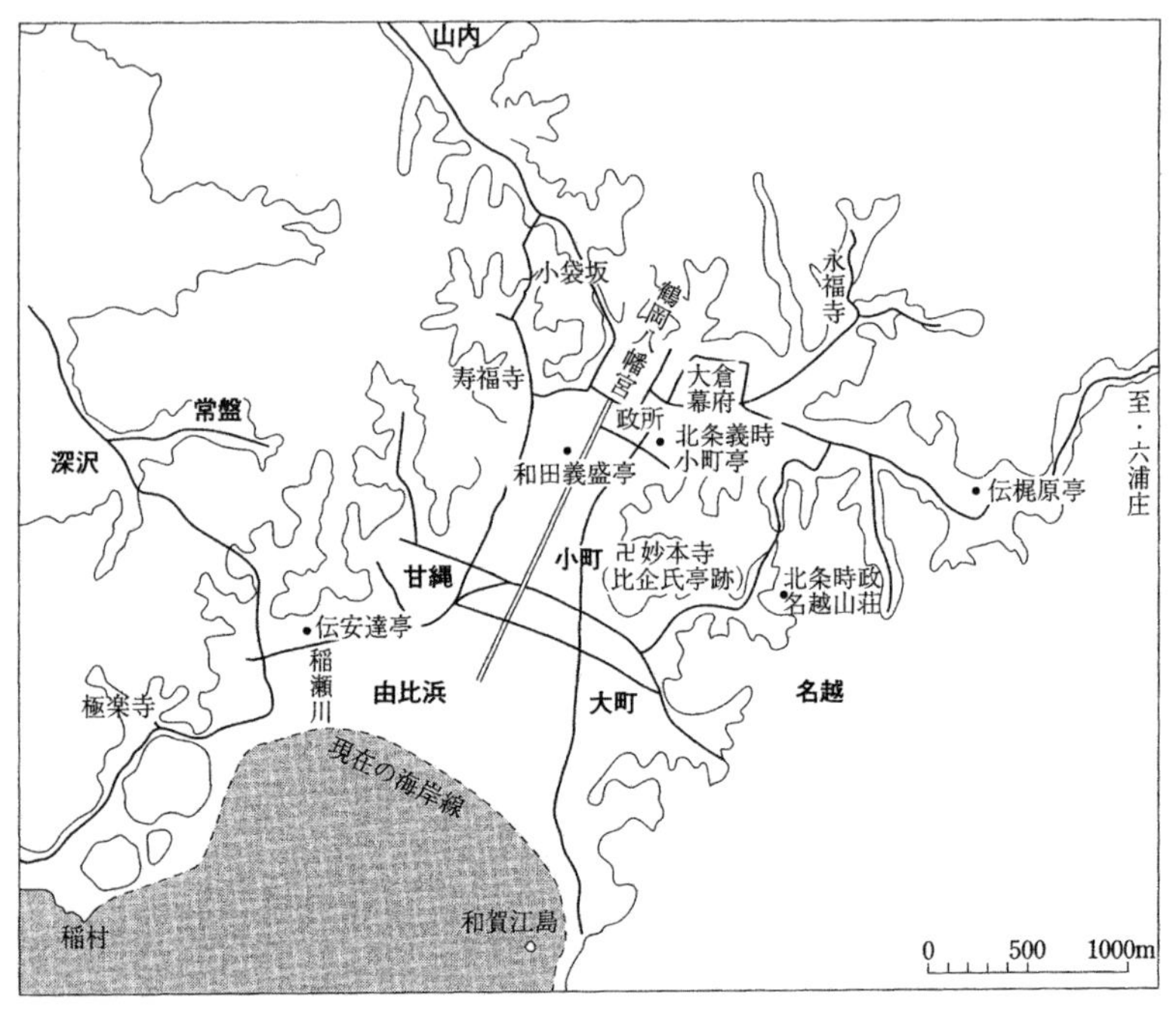

山内
小袋坂
鶴岡八幡宮
永福寺
寿福寺
大倉幕府
政所
北条義時小町亭
常盤
深沢
和田義盛亭
伝梶原亭
至・六浦庄
小町
卍妙本寺(比企氏亭跡)
甘縄
北条時政名越山荘
伝安達亭
稲瀬川
由比浜
大町
名越
極楽寺
現在の海岸線
和賀江島
稲村
0 500 1000m

鎌倉要図

河内源氏と摂津源氏――プロローグ

1　河内源氏と摂津源氏

河内源氏と摂津源氏

武家源氏には、永承六年（一〇五一）におこった奥州十二年合戦で勇名を馳せた八幡太郎義家の末裔河内源氏と、源 頼光と四天王の説話でよく知られた京の武者摂津源氏のふたつの有力な門流がある。

河内源氏は、前九年の役・後三年の役の活躍で多くの家人・家礼を持つようになった義家が院殿上人まで昇進して全盛時代を築いた。しかし、河内源氏の勢力拡大は白河院・鳥羽院から警戒され、院は対抗馬とすべく伊勢平氏の人々を厚遇していった。伊勢平氏の平 正盛・忠盛父子は、院の期待に応えて活躍し、鳥羽院殿上人に昇進した。昇殿にまつわる経緯は『平家物語』の殿上闇討でよく知られている。義家の孫、為義は富家殿関白藤原忠実と手を結んで勢力の回復に尽くしたが、鳥羽院が為義の庶長子義朝を院の武力に組み込んだことで、河内源氏は摂関家と結ぶ為義が率いる嫡流と、鳥羽院政についた義朝を支持する一派に分裂した。保元の乱で為義率いる嫡流が、さらに平治の乱で義朝の一派が滅亡したことで、京の武者として残る河内源氏は八条院に仕えて常陸国信太庄を名字とする志太三郎先生義広のみとなった。義広もまた常陸国に下って国棟梁として生きる道を選んだので、義家の嫡流で京の武者として活動する河内源氏はいなくなった。

一方、摂津源氏は鳥羽院・八条院とのつながりが深く、内裏の警備にあたる大内守護を重代の役職とした。源三位頼政や二条院讃岐のように、歌人としても二条天皇・八条院の宮廷で活動したので、京都の文化を理解する武者として扱われていた。武家源氏で初めて従三位に叙されることに強い反対が出なかったのも、頼政なら公家社会の秩序を乱すことなく活動するという安心感があったためである。摂津源氏は美濃源氏とも親しく、郎党も御厨子所や式部省の「預」を重代の職とした地下官人紀氏や蔵人所滝口や摂関家大番舎人を勤めた摂津国の渡辺党など、下級官人と武官を兼ねた武士が中核であった。地方には、伊豆国在庁工藤介の一族や下総国下河辺庄（現茨城県古河市から三郷市にいたる広域荘園）の下河辺氏のような有力豪族がいたが、彼らは交替で在京しながら仕事をしてい

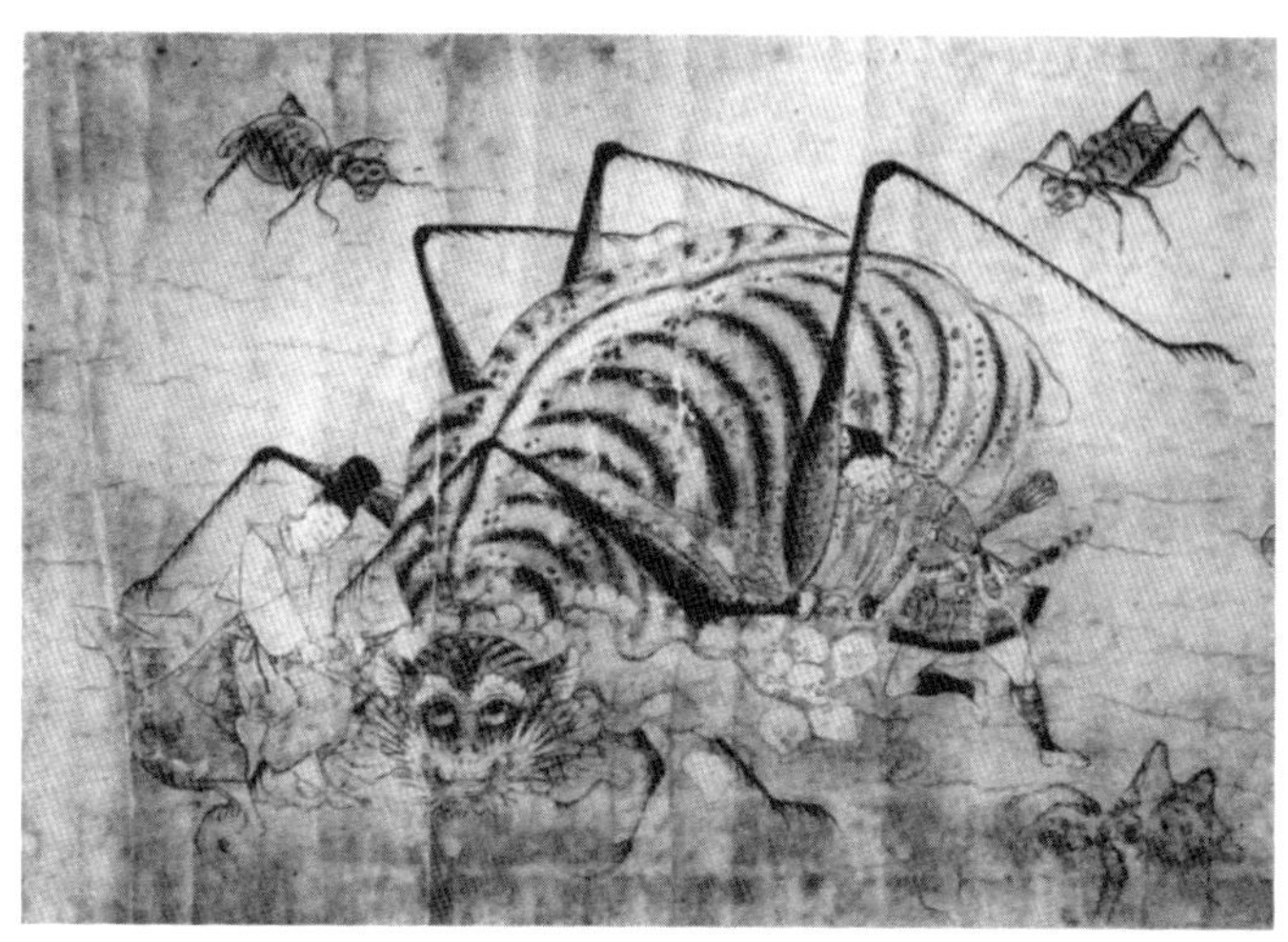

図1　源頼光の土蜘蛛退治（『土蜘蛛草紙』より、東京国立博物館所蔵）

図2　奮戦する源義家（『前九年合戦絵巻』より、国立歴史民俗博物館所蔵）

た。京都の人々が安心して洛中の警固をまかせることのできる武家源氏は、摂津源氏だったのである。

平治の乱後の政局の中で、摂津源氏と美濃源氏は鳥羽院政の残存勢力が集まる八条院の武力として活動した。平氏一門も、後白河院の妹八条院のもとで中立を守る源頼政を圧迫することはできなかった。以仁王挙兵の中核となる人々は、八条院の世界という安全圏の中で温存されていたのである。

以仁王挙兵という枠組み

治承・寿永の内乱は、以仁王と源頼政の挙兵で始まる。以仁王は令旨を発し、古代の壬申の乱を先例として京都を脱出し、南都北嶺の堂衆や東国の源氏を糾合して京都に攻め上ろうとした。壬申の乱を先例とするからには、安徳天皇を廃して以仁王が即位することが最終目標となっていたはずである。

一般に、以仁王挙兵は計画段階で情報が漏れて準備不足の挙兵となり、京都周辺の小規模な戦闘で鎮圧されたと理解されている。そして、諸国に伝えられた以仁王令旨は反平氏政権の戦いに正当性を与える根拠となり、以仁王死後も一人歩きを続けたという。この理解は、源頼朝が鎌倉幕府を成立させることを終着点とした直線的な歴史叙述には都合がいいが、一方で治承・寿永の内乱で活躍したさまざまな勢力の動向を説明しきれるものではない。その代表的な存在は以仁王の遺児北陸宮（ほくりくのみや）を擁して戦った木曽義仲（きそよしなか）で、彼こそ以仁王挙兵の正統な後継者として叙述されるべきであろう。そもそも、以仁王令旨を受けて挙兵した源氏は、頼朝を盟主として仰いだのであろうか。東国の内乱が最終的に頼朝と義仲の二大勢力に収斂されたことと、後白河院が頼朝との提携を選択することが同じ軸線上にあるのか、原点に戻って見直す必要があるだろう。

頼朝は、内乱が京都の前面まで広がった治承四年（一一八〇）十二月頃から後白河院と使者のやりとりを始めた。養和元年（一一八一）八月、頼朝は東の源氏と西の平氏が共存するための棲み分けを提案し、朝廷への復帰を求めた。この提案は平宗盛（むねもり）が拒絶したため受け入れられなかった。鎌倉を本拠として勢力圏を固めた頼朝は、以仁王挙兵の枠組みから離脱し、後白河院と結びつくことで独自の道を歩み始めていたのである。

木曽義仲が京都を占領して官軍となったことで、政府軍は平氏から以仁王令旨を奉じた源氏に変わることになった。それにより、後白河と源氏の諸家との駆け引きが始まった。京都を占領した義仲は、以仁王の構想に沿ってその遺児北陸宮の即位を求め、院政をいかに維持するかを模索する後白河と対立した。結果として、後白河は頼朝と提携して義仲潰しを始めることになった。義仲が京都の政局で身動きがとれなくなったことで、西走した平氏一門は水島合戦で義仲の派遣軍を破り、勢いを取り戻して本拠地福原まで再進出をはたした。義仲は平氏一門と連携することで頼朝に対抗しようとしたが、交渉がまとまる前に滅ぼされた。

後白河と頼朝の模索したもの

後白河院政にとって最大の課題は、平氏一門が擁する安徳天皇の正統性を否定し、践祚を行った後鳥羽天皇を唯一の天皇と認めさせることであった。そのためには、安徳天皇を帰京させ、後鳥羽天皇に対する禅譲の儀式を行わせることが最善の策とされた。後白河との協調によって権力を獲得した頼朝は、この制約の中で平氏追討を進めることになった。

大将軍に任命された源範頼は飢饉に苦しむ山陽道に入り、平氏家人に降参か抵抗かを迫りながら、大宰府を目指して軍勢を進めていった。しかし、義経を総大将として編成した第二の遠征軍は屋島合戦・壇ノ浦合戦に連勝して平氏一門を滅ぼしたが、安徳天皇は入水し、天叢雲剣も海に沈んだため、後白河が政治目標とした旧主還御と三種の神器の京都帰還を果たすことができなかった。頼朝が代官として派遣した範頼と義経を比較すると、範頼は頼朝の命令を忠実に実行したが、十分な水軍を組織できなかったために戦いを膠着させてしまい、義経は合戦には勝利したものの戦争の目的を達成したとはいえない結末を招いた。

後白河は、頼朝に忠実に振舞う範頼よりも政治的な感覚の鈍い義経の方が切り崩しやすいと考え、義経を凱旋将軍として英雄扱いし、院の武力に取り込もうとした。後白河と義仲の関係をみていた頼朝は、京都に派遣した軍勢が後白河の手によって融解することを恐れた。そのことを知る範頼は必要以上の謙退を繰り返して、頼朝に忠実であろうとした。しかし、平氏との合戦に勝つことのみを考えていた義経は、後白河の掌中に取り込まれてしまった。範頼と義経の差は、頼朝と後白河の複雑な関係を理解して動くか否かにあったといえる。

平氏一門を滅ぼした後、頼朝と後白河の熾烈な政治的駆け引きが始まる。この交渉は文治元年（一一八五）十二月の廟堂粛清に始まり、建久元年（一一九〇）の頼朝上洛による「天下泰平」の宣言に終わる。この間、後白河と頼朝は平氏追討という戦争状態の中で、頼朝が獲得した権限をいかに平時体制に切り替えていくかでさまざまな交渉を行い、鎌倉幕府を守護・地頭制を基盤に置いた恒常的な軍事組織へと転換させていった。この交渉で行われた権限委譲によって、鎌倉幕府が自立性を持った組織として成立するのである。

頼家・実朝と北条氏

頼朝の死後、幕府は政治の季節を迎える。頼朝は将軍家を継ぐ嫡子頼家の支持勢力として、平賀義信や梶原景時を後見につけ、義弟の北条時房や乳母の一族比企氏の人々を側近につけた。また、北条政子が頼朝の後家として将軍家の家政を後見した。頼朝が信頼を置いた腹心たちと政子が支援することで、二代将軍頼家の政治は盤石の基盤をもって始まるはずであった。頼朝は、北条氏がこのような人の配置に不満を持って頼家政権を潰すとは考えもしなかったであろう。

頼家政権の課題は、北条氏の処遇をどうするかであった。頼家が頼朝の乳母比企尼の一族を重く用い、比企能員の娘を妻に迎えて長子一幡が誕生したことは、比企氏が次期政権の中心に入ることを意味していた。北条氏は、頼朝のために働いた人々は頼家政権で比企氏に近い立場を取り、頼朝・政子夫妻のために働いた人々は北条氏が与党として取り込む余地があると考えていた。頼家の時代は、梶原景時事件・阿野全成事件・比企氏の乱と政変が続いていった。この政変の中で、頼朝の政治を継承しようとした頼家を支持した人々が粛清されていった。幕府は頼家が主導しようとした将軍家主導の専制政治を支持するか、北条氏が将軍家を後見する体制を支持するかの選択を迫られた。この一連の政変で頼朝が頼家に附けた梶原・比企といった人々が滅ぼされていった。

三代将軍実朝は、就任した時から北条氏が後見する体制が成立していた。実朝の時代になると、北条氏の内訌である牧氏事件や、北条氏に対抗できる最後の重臣和田義盛を滅ぼした和田合戦を経て、北条氏主導の体制は揺るぎないものとなった。この段階になると、北条氏の影響を受けることなく実朝を支えた重臣は源家一門の大内惟義一人となっていった。その惟義が在京人として京都に派遣されると、将軍の話し相手をする側近はいても、将軍の意思を実現させる政治手腕を持つのは文官の宿老大江広元ぐらいになっていた。ただ、広元は京都の政治をみてきただけに将軍家の行動に寛容であったが、行政官としての枠組みを超えようとはしなかった。実朝は、将軍として大切にされてはいたものの、政治的には孤立した存在であった。

源家将軍の清算

幕府の御家人は、源家重代の家人を中核に据えた構成となっていた。実朝という人物の政治手腕や能力を別として、血の論理によって御家人たちは将軍家を中心に結束することができた。

しかし、実朝暗殺後の幕府首脳部は、摂関家の九条頼経を新たな鎌倉殿（将軍家）として迎え入れた。このことは、将軍家と御家人との関係が、源家重代という家と家の論理から、御家人という身分を登録する制度への移行を意味していた。それとともに、頼朝の縁者として家の論理を行使できる人々は、頼経を鎌倉殿として迎えることで御家人制を組み直そうとする時に邪魔な存在となっていった。阿野時元謀叛・禅暁誅殺といった頼朝の縁者抹殺は、源家を中心とした家の論理を清算する意味を持っていた。

また、源家将軍の清算は大内氏や摂津源氏といった源家将軍との関係で将軍家の諸大夫となっていた人々が幕府を離れるきっかけとなっていった。また、幕府と京都の公家政権の中で両属関係を続けることで在京人（京都常駐）を勤めてきた御家人たちに対し、どちらか一方への選択を強いることにもなった。承久の乱は、後鳥羽院政と鎌倉幕府の対立という枠組みで捉えられるが、それは源家将軍の継続に反対する北条氏主導の政治体制を拒否した人々によりひきおこされたという一面も持っている。

実朝暗殺から三年、源家将軍とそれを支えた源氏の諸家の多くが姿を消し、わずかに北条泰時の姻戚として親密な関係を結んでいた足利氏のみが残った。足利氏は、幕府の組織の中では守護職以上の役職を勤めなかったが、幕府の儀礼では重要な役割を演じた。鎌倉の高家として権力抗争の圏外に出ることで、足利氏は北条氏と共存していくのである。

以仁王挙兵と源頼朝

以仁王挙兵とその余波

八条院と以仁王

高倉宮以仁王は後白河法皇の皇子で、八条院（鳥羽天皇の皇女）の猶子となり、二条天皇親政派の一員として活動した。六条天皇崩御の後、後白河院と平氏一門が推す憲仁親王（高倉天皇）と皇位を争って敗れたことから、以仁王は高倉天皇を推す勢力から疎外された。『平家物語』巻第四「源氏揃」は、「故建春門院の御そねみにて、おしこめられさせ給ひつゝ」とその様子を伝えている。しかし、以仁王は八条院の寵臣三位局を妻に迎え、以仁王の一家が八条院と家族同然の生活をすることで、鳥羽院政派の残存勢力に守られた平穏な日々を過ごしていた。後白河院や平氏一門も、膨大な八条院領を通じた経済的な関係で多くの廷臣や武士とつながりを持つ八条院の隠然たる勢力を無視できなかった。政治に対して関心を失った八条院が中立を保つことが前提で、治承元年（一一七七）の鹿ヶ谷事件以後の後白河院政と平氏一門との権力抗争は展開が可能となるのである。

治承四年（一一八〇）五月、後白河院と平氏一門の対立が激化する中で中立を保っていた八条院に支持された以仁王に対し、謀叛の嫌疑がかけられ、捕縛の使者が派遣されるという事件が起きた。これに対して以仁王は、平清盛が治承三年（一一七九）十一月のクーデターで後白河院を幽閉し、翌四年に安徳天皇を即位させたことを不当と主張し、後白河院第二皇子として壬申の乱における天武天皇の先例にのっとって奸臣を討つと宣言したいわゆる以仁王令旨を発した。以仁王が後白河院政派ではなく、なによりもこの宣言が彼の支持母体である八条院（旧鳥羽院政派）について意図的に言及していないことは明らかである。以仁王がなぜこのような無理をしたのかを、考えてみる必要がある。

以仁王挙兵の計画と露見の経緯

以仁王は、八条院のもとに集う二条天皇親政派の残存勢力を支持母体とせず、後白河の第二皇子の立場でその正統性を主張し、挙兵への参加を呼びかける令旨を発給した。令旨からは、次のような主張が読み取れる。

一　清盛が治承三年十一月のクーデターで成立させた政権に正統性がないこと

一　清盛が即位させた安徳天皇を正統な天皇と認めないこと

一　以仁王は幽閉された後白河の皇子として、壬申の乱の先例にならい、東国の源氏や有力豪族を糾合して清盛・宗盛父子を倒すこと

『吾妻鏡』は、以仁王令旨が治承四年四月九日に源仲綱を奉者として作成され、八条院蔵人に補任された源行家によって東国に伝達されたと伝える。源頼朝は四月二十七日に伊豆国北条の北条時政亭で行家の持参した令旨を披見したとしているが、八条院院司として八条院領荘園の便宜を受けられる行家が京都から伊豆に直行するのに十八日はかかりすぎる。伊豆国は頼政の知行国なので、頼政と伊豆国衙は定期的に使者をやりとりさせていた。以仁王と頼政が頼朝に挙兵への参加を求めるのであれば、行家を八条院院司に補任して伊豆国に派遣しなくても、伊豆国衙とやりとりする使者の中に混ぜ込ませてしまえば、目立たないかたちで連絡をとることができる。『平家物語』に記されたように、行家は近江国・美濃国の源氏に令旨を伝えながら東に向かったと考える方が自然である。道々の源氏に説明しながら進んでいく行家の動向が平氏の与党に察知され、清盛の元に通報されたと考えるのが自然であろう。藤原親経は、五月十五日に以仁王の土佐国配流の噂を聞いた

と日記『親経卿記』に記している。平氏政権は、五月中旬には対応策を考えていたとみてよい。

なお、『吾妻鏡』に記された以仁王令旨は、『平家物語』の偽作を引き継いだもので、その原型は以仁王が治承四年五月に園城寺（おんじょうじ）に逃げ込んでから発給した宮宣旨（せんじ）とよばれる文書にあるという説が提起されている。以仁王に謀叛の嫌疑をかけて捕らえようとした予防拘束という着想は魅力的であるが、頼政は鳥羽院政派の残存勢力を束ねる武家の棟梁として老練な政治的判断のできた人物なので、以仁王を取り逃がした養子兼綱（かねつな）の失態で以仁王のもとに走るほど単純な人物とは考えがたい。一方で、頼政が以仁王と謀議を重ねていたのであれば、以仁王挙兵にみられる動きのブレや不手際な対応はとらないと考えられる。以仁王挙兵事件に摂津（せっつ）源氏が巻き込まれることは、頼政にとって想定外の展

図3　源頼政像（MOA 美術館所蔵）

開であったと考える方が自然である。たとえば、平氏政権は以仁王を予防拘束で捕らえようとしたが、源兼綱が以仁王に逃げられたことを奇貨として予防拘束の範囲を摂津源氏まで広げて処理しようとしたという推測である。摂津源氏の視点に立つと、途中から事件に巻き込まれたと考えるのが一番理解しやすい展開であるが、あくまで推測の範囲である。

以仁王令旨や『平家物語』の記述から、以仁王は東国の源氏を糾合して京都に攻め込もうとしたと考えられる。以仁王直属の軍勢を指揮するのが、「源氏揃」で挙兵の相談を受けたと記される頼政となるのであろう。しかし、摂津源氏は京の武者として畿内で発展したので、下河辺氏・工藤氏・埴生氏・井伊氏など地方豪族の家人はみられても、在京する家人はさほど多いとも思えない。頼政が在京させた軍勢は畿内の武者が中心であり、地方の家人たちは交替で在京していたので、居合わせた人々が加わった形となったのであろう。一方で、以仁王を擁した頼政の挙兵という説明が以前はなされたが、「源氏揃」に名を連ねた人々が、摂津源氏の棟梁頼政の指揮で動いたとは考えがたい。以仁王令旨で集まった軍勢は、反平氏の盟主となった以仁王が親率する形をとることで初めてまとまるものである。

以仁王の陰謀が露見した後、平氏政権は八条院に対して最大限の気遣いをして交渉にあたっていった。

平氏と八条院の交渉

五月十五日夜、以仁王は事件の発覚を知って園城寺に遁走した。以仁王追捕に向かった源大夫判官兼綱・土岐判官光長は、長谷部信連の奮戦に手こずって、以仁王を取り逃がすことになる。『平家物語』諸本は、以仁王が女装して市女笠を被り、三条高倉の御所を脱出したと記している。平氏政権が以仁王と頼政のつながりを把握していなかったことは、以仁王追捕を兼綱に命じたり、園城寺に逃れた以仁王追捕の軍勢に頼政を加えたことからも明らかである。この段階で平氏は以仁王挙兵の計画や、令旨の内容を摑んでいなかったのである。

同じ頃、清盛は以仁王の子供を捕らえるため、池大納言頼盛を八条院御所に派遣した。頼盛の妻が八条院の乳母子宰相局であることから、穏便に交渉を進めるための人選といえる。間に立たされた頼盛は苦慮したが、八条院を説得して男子（後の道尊）のみを引き渡し、女子（八条姫宮）については沙汰に及ばずということで折り合いをつけた。

八条院が以仁王挙兵に関与したとよく推測されるが、八条院の側近池大納言頼盛が情報をまったく摑んでいないこと、八条院庁の文官がほとんど挙兵に関与していないことからも、八条院が組織的に挙兵に関わったと考えることには無理がある。八条院が後白河院とも平氏一門とも距離を置いた中立の勢力であったことからも、以仁王が中立を保つ八条院のもとに温存されていた武者に参加を呼びかけたと考える方が自然ではないだろうか。

以仁王挙兵の展開

間一髪のところで逃げおおせた以仁王を受け入れた園城寺は、千葉介常胤の子律静房日胤をはじめ、七十余名の堂衆が守り通す意志を示した。五月十七日になって、朝廷は使者を派遣して以仁王の引き渡しを求めたが、園城寺堂衆はこれを拒み、僧綱たちを押し籠めて挙兵に与する立場を明確にした。それとともに、諸国の武者や南都北嶺の権門寺院に対して助力を求める文書を作成し、使者に持たせて派遣した。これが宮の令旨とよばれるもので、治承四年（一一八〇）四月九日付けの以仁王令旨はこの時の文書をもとに創作されたという考え方もある。

五月二十一日、朝廷は平宗盛・頼盛・教盛・経盛・源頼政以下の追討使を編成し、翌日発向する段取りを組んだ。追討使に源頼政の名前がみえることは、平氏政権が以仁王挙兵の全貌をまだ把握していなかったこと、この段階ではまだ頼政に身の危険が及んでいなかったことを示している。

翌二十二日早朝、頼政は自ら館に火をかけて、三十余騎の軍勢を率いて園城寺に入った。

図４　綺田蟹満寺 高倉宮社（『都名所図会』巻之五より）

この日、南都の堂衆も以仁王に味方することで合意が形成された。二十五日、天台座主明雲が延暦寺に入って園城寺を攻めるよう説得し、延暦寺は満山の意向として園城寺を討つことを決定した。

延暦寺が平氏政権支持の立場を明確にしたことで、以仁王は南都の衆徒に合流すべく与党五十余騎とともに南下を決意した。平氏政権も追討使を派遣して追撃したが、老練な頼政は以仁王を南都に落とすべく、小競合いを繰り返して足止めした。九条兼実は頼政の軍勢が木津川東岸の綺河原（綺田）で壊滅したと聞いている。頼政は宇治橋を最後の足止めの場所に選んで陣を敷き、以仁王に護衛を付けて先行させたが、追討使もまた藤原景高・忠綱以下の軍勢を分けて以仁王を追跡させ、綺田の光明山寺の鳥居のもとで討ち取ったという流れになる。

東国への影響

古代の壬申の乱における天武天皇の先例にならい、東国の武士を糾合して平氏政権を倒そうとした以仁王の「計画」が、実際に計画されたものか、もしくは平氏政権が謀叛の嫌疑をかけて以仁王の政治生命を断とうとしたものなのかは明らかでないが、捕縛に失敗して宇治川の合戦に発展させたことは事実である。以仁王挙兵に関わった人々は、源頼政を棟梁とする摂津源氏の一党、在京していた八条院判官代足利義房、南都北嶺の堂衆などである。

内乱が全国に広まる大きな要因は、以仁王挙兵という事件そのものよりも、戦後処理の中にあるといえる。宇治川の合戦に加わった武士を『山槐記』に載せられた交名や、『平家物語』『源平盛衰記』の記述から整理すると、次のようになる。

源頼政一族

子息　伊豆守仲綱

養子　検非違使大夫尉兼綱・八条院蔵人仲家・仲光父子

源頼政家人

摂津国渡辺党　源勧・源唱・源副・源加・源省・源授・源競・源与・源続・源清・
　　　　　　　薩摩兵衛
下総国　　　　下河辺清親・安房太郎
因幡国　　　　埴生盛兼
伊豆国　　　　工藤四郎・五郎
源兼綱家人
国不詳　　　　内藤太守助・小藤太重助
八条院判官代　足利義房

公家の日記が三十騎前後と伝えるのは右のリストに園城寺の僧兵たちが加わることから少なすぎるが、頼政の軍勢は在京していた一族と家人が中心というのは問題ないのであろう。源兼綱や渡辺競が当日まで知らなかったことから、頼政の参陣は突然の出来事とみることができる。一族の多くが参加した渡辺党や「数多（あまた）ありけるも」と記された下河辺氏はある程度の人数がいたのであろうが、八条院判官代足利義房以下の人々は在京していたことから成り行きで加わったとみてもよいであろう。鵺（ぬえ）退治の物語に登場する頼政の腹心遠江国在庁井伊介（いいのすけ）の一族がこの挙兵にはみえないのも、井伊氏が対応できない程の急激な展開だったためといえる。

宇治川合戦には、伊豆国有力在庁工藤介（くどうのすけ）の一族、千葉介常胤の子日胤、下河辺・波多野といった東国の豪族の子弟が参加していた。下河辺氏は東山道からの退却に成功し、工藤氏は伊勢国大湊から船で伊豆国への帰国に成功した。彼らの帰国によって、事件の顚末は坂東に伝えられた。以仁王与党の追捕が東国まで広まると考えられた時、これらの諸家の動向が予断を許さないものとなっていくのである。

戦後処理で苦悩する平氏

平氏政権は、以仁王の挙兵を簡単に鎮圧したが、その戦後処理は困難を極めるものになった。以仁王に与（くみ）した興福寺の処分で、平氏政権は摂関家との泥沼の交渉に陥ったのである。興福寺は鎮護（ちんご）国家の祈禱をになう権門寺院であり、藤原氏の氏寺（うじでら）であった。平清盛の娘盛子は摂政近衛基通（このえもとみち）の養母であり、平氏一門は基通を身内として支持していたが、藤氏長者としての基通は、氏寺興福寺を守り抜かねばならない立場にあった。

五月二十七日の公卿僉議（せんぎ）で、平氏の意向を受けた源通親（みちちか）、藤原隆季（ふじわらのたかすえ）・実宗（さねむね）は、園城寺は言うに及ばず、藤氏長者の制止を聞かなかった興福寺も追討すべきだと主張した。園城寺に対する追及に反対する者はいないので、朝廷は追捕使平重衡（しげひら）を派遣して謀叛人の引き渡しを求めることを決定した。そして、園城寺が引き渡しを拒んだことにより、重衡は園城寺を焼き討ちしたのである。その後、朝廷は園城寺の僧に祈禱を依頼しないこと、園城寺の僧綱の僧官僧位を解くこと、園城寺の末寺・荘園を没収することを決定するなど厳正なる処分を行なった。ところが、近衛基通以下藤原氏の人々が興福寺に対する処分で強硬手段がとれないよう論陣を張って主張を譲らなかったため、興福寺に対する処分は以仁王の生死を確認してから決定することとして先送りされた。

平氏政権は、安徳天皇の福原遷幸を六月二日に実施した。福原京は清盛が開発した大輪田泊を中心に発展した港湾都市で、平氏一門の西国経営の拠点であった。清盛は、安徳天皇を混乱の続く京都から平氏の勢力圏福原に移すことで安全を図ろうとした。しかし、清盛の意向は福原京の整備が進むにしたがって遷座から遷都へと変わっていった。八月下旬には公卿・殿上人が出仕する本務の場所を福原京に移したことで、公卿たちは京都の建物を福原京に移築する作業を急速に進めたと『方丈記』は記している。

平氏一門が興福寺の処分で摂関家と激しく対立し、福原遷都に忙殺された時期に起きた想定外の事件が、伊豆国での頼朝挙兵であった。

頼朝挙兵から広がる内乱

挙兵前夜の状況

源頼朝挙兵の経緯は、九条兼実の日記『玉葉』と、中山忠親の日記『山槐記』に記されている。頼朝挙兵を伝える第一報を記した『玉葉』治承四年九月三日条は、頼朝を「謀叛の賊義朝子」と記している。『山槐記』は一日遅れで「故義朝の男兵衛佐頼朝」と名前が記されている。頼朝の伊豆国配流が行われた永暦元年（一一六〇）からすでに二十年、京都の人々は伊豆国の流人源頼朝の存在を忘れていた。

『吾妻鏡』は、六月十九日に三善康信の弟康清が伊豆国北条に到着し、以仁王令旨を受け取った諸国の源氏は追討されるので奥州に遁れた方がよいと助言したと伝える。康信

図5　池禅尼と対面し、袖をぬらす頼朝
(『平治物語絵巻』常磐之巻より、国学院大学図書館所蔵)

の母は頼朝の乳母の妹であり、身内の諠(よしみ)から弟を仮病で休ませて伊豆国に派遣したのである。この報せは頼朝に挙兵を決断させたが、前節で述べた平氏一門の動きをみると、康信の状況判断は誤っていることがわかる。なぜなら、清盛は伊豆国が頼政の知行国であったことに注意を払い、大庭景親(おおばかげちか)に頼政の孫有綱(ありつな)の追捕(ついぶ)を命じて相模国に帰国させた。その際、景親に対して坂東(ばんどう)にいる平氏家人に軍勢催促する権限を与えている。これは、有綱が坂東にいる摂津(せっつ)源氏の家人(けにん)を糾合(きゅうごう)する可能性を考えての処置である。しかし、身の危険を感じた有綱が藤原秀衡(ふじわらのひでひら)を頼って奥州に出奔したことで、清盛の危惧は杞憂に終わった。

ところが、景親の帰国は坂東の人々に大きな衝撃を与えることになった。『吾妻鏡』は、六月二十四日に頼朝が河内源氏重代の家人に挙兵への参加をよびかける使者を派遣したと伝えている。源義朝の家人として平治の乱を戦った波多野氏や山内首藤氏は、義朝との関係を一時の恩として挙兵への参加を断った。一方、景親の帰国を知った工藤介茂光は、出奔した有綱の代わりに頼朝を担ぐ決意をしていた。茂光の決断により、頼朝は頼政の遺産を継承して挙兵することになったのである。

伊豆国府占領から石橋山へ

頼政の死により、伊豆国は平時忠の知行国となった。六月二十九日、伊豆守に平時兼が補任された。時兼の目代となる山木兼隆は治承三年（一一七九）正月十九日検非違使を解官されたが、この解任は父関信兼が家内の事情で申請したものなので、辞表の受理という扱いであった。時忠は、在国する平氏家人の兼隆を目代に起用しただけのことであろう。上層部が平氏政権の本流に交替したことで、頼政の家人であった有力在庁工藤介茂光の立場が厳しいものになることは容易に推測できる。茂光が平氏政権も存在を忘れていた頼朝に注目して担いだことで、頼朝挙兵は伊豆国府占領という堂々たる反乱へと様相を変えていくことになる。

頼朝の挙兵は、治承四年八月十七日に決行された。この日は伊豆国一宮三島大社例祭で、人の出入りが激しくても怪しまれない日を狙ったものであった。『源平盛衰記』は、頼朝の軍勢を八十五騎と伝えている。頼朝はこの軍勢を二手に分け、平氏の一族山木兼隆とその舅堤権守信遠の館を襲って討ち取った。

頼朝挙兵を聞いた工藤介茂光が軍勢を率いて参陣すると、反乱軍は三百騎に膨れあがった。三浦半島では、頼朝挙兵に賛同していた三浦一族が合流すべく軍勢を集めて西に進めた。挙兵当初の軍勢は、河内源氏重代の家人中村氏・三浦氏と、頼政の残党工藤介茂光の一族郎党、頼朝の姻戚となった平氏の庶流北条氏の連合体であった。この三者のうち、石橋山合戦までの主力は伊豆・駿河・甲斐に一族を広げる有力在庁工藤介の軍勢である。

頼朝挙兵を聞いた大庭景親は、坂東の平氏家人に軍勢催促を行って三千騎を集めた。国衙からみても頼朝挙兵は反乱であり、景親の頼朝追討には相模・武蔵の国衙も協力する姿勢を示した。

治承四年八月二十三日夜の石橋山合戦は、東進して相模国に入ろうとする頼朝の軍勢三百騎を、景親三千騎が進路を遮り、伊豆国の平氏家人伊東祐親の軍勢三百騎が追撃する形で始まった。頼朝に合流しようとする三浦義澄の軍勢は丸子川（酒匂川）まで来ていたが、雨による増水で足止めされていた。

景親は、三浦氏が翌朝には渡河するであろうと判断し、夜明け前に頼朝本隊を攻めることにした。『吾妻鏡』は、背後から迫る祐親の軍勢に追いつかれないように急ぐ頼朝の軍勢が石橋山に到着したのを寅刻（午前四時前後）と記している。景親は、強行軍で疲れのとれない頼朝の軍勢に朝駆けの強襲をかけたことになる。景親の軍勢の所在を掴んだ頼朝は石橋山に陣取っていたが、雨に濡れた大鎧を着て一晩中歩き続けたうえで山に籠もって戦うことになったので、条件は最悪に近いといえる。大庭勢は、疲れ切った頼朝の軍勢が三浦義澄と合流して気力を取り戻す前に決着をつけるべく猛攻をしかけた。勝敗は、頼朝の前陣工藤介茂光の軍勢が崩されてあっさりと決まった。茂光は子息親光に首を託して自害、頼朝も土地感のある土肥実平（どひさねひら）以下の中村一族に守られて箱根の山中に隠れた。北条氏は、時政が武田一族を頼って甲斐国に落ちのびたが、嫡子宗時は伊豆国北条に逃げ帰ろうとして平井郷（静岡県函南町）で伊東祐親の配下に討ち取られた。『山槐記』は、駿河国の小泉庄司も頼朝の与党として石橋山合戦で討死したと記している。工藤介茂光の縁者なのであろう。

甲斐源氏と富士川の戦い

『吾妻鏡』は、大庭景親の弟俣野景久（またのかげひさ）が石橋山から敗走する頼朝与党を追撃し、八月二十五日に富士北麓で甲斐源氏武田氏と合戦して敗れたと記している。景久の軍勢には、小泉庄司を捕らえるために軍勢を動かした駿河国目代　橘　遠茂（たちばなのとおもち）も合流していた。武田氏は以仁王から挙兵を促す文書を受け取っていたと考えられるので、相模・駿河から越境してきた平氏与党の軍勢を邀撃（ようげき）したのであろう。時政の逃走は、頼朝挙兵を甲斐国に波及させたことになる。ただし、武田氏は独自の判断で軍勢を動かしたので、頼朝挙兵に呼応したものではなかった。

武田氏の当面の敵は、平宗盛の知行国駿河国の目代橘遠茂であった。武田氏は、遠茂と戦うにあたり、背後の安全を確保するため、九月十日に信濃国の平氏与党菅冠者を伊那郡大田切郷（おおたぎり）（長野県駒ヶ根市）の館に攻め滅ぼした。『吾妻鏡』は遠茂が甲斐源氏の人々の蜂起を聞いて三千騎の軍勢を率いて武田氏館に向かったと伝えるが、国境を越えての攻撃は国司の権限を越えることになる。遠茂は小泉庄司の縁者を追捕した後、武田氏の駿河侵攻に備えて国境に軍勢を向けたと考えるべきであろう。武田氏もまた遠茂の動きを警戒して駿河国境に軍勢を進めた。双方の軍勢は九月十四日に富士北麓の鉢田で合戦をしたが、待ち伏せをした武田氏の圧勝となった。

二日後の九月十六日、平維盛（これもり）率いる追討使が駿河国高橋宿（静岡市清水区）に到着した。翌十七日、武田氏は追討使に軍使を送り、浮島ケ原で会戦することを提案した。しかし、維盛は四千余騎の軍勢を富士川西岸まで進めたところで止めたので、武田方も四万騎と伝えられる軍勢を富士川に東岸に移動させた。追討使は東国下向の途上で遭遇した抵抗に疲弊しており、駿河目代を破って意気揚がる武田勢に対抗する勢いはなかった。大庭景親や伊東祐親といった平氏の家人は追討使に合流すべく軍勢を集めたが、頼朝の軍勢が駿河国賀島まで進出したことで道を塞がれ、軍勢を解散してそれぞれの判断で追討使に合流しようとした。

富士川を挟んでの対陣で、追討使が武田の軍勢に対抗する力のないことが明らかになると、追討使から武田方へ降参する人々を止められなくなった。弱気になった維盛は上総介忠清と話し合って後退を決定したが、追討使は安倍川を渡った手越（てごし）宿（静岡市駿河区）まで退いたところで武田氏の軍勢に追いつかれた。夜襲をかけようとする武田氏の軍勢に驚いた水鳥の舞い上がる羽音を、敵軍の来襲と勘違いした追討使が潰走する有名な「水鳥の羽音」の事件は、この宿で起きている（『山槐記』）。追討使に大勝した武田氏は、駿河・遠江国を実力で勢力圏に組み込んだ。

十一月になると、近江源氏山本義経が挙兵し、「近江国併せて一統し了んぬ」という勢いを示し、琵琶湖の舟を東岸に集めて水上交通を遮断した。武田氏と山本氏は新羅三郎義光の末裔なので、武田信義は使者を山本義経に派遣し、武田が軍勢を進めるまで無闇に動かないように制止をかけようとした。甲斐源氏武田氏は自らを独立した勢力と考え、富士川合戦後の頼朝との関係を同盟とみなしていた。

畿内の動乱　清盛は維盛の不甲斐のない敗北に憤る一方で、一気に崩れた東国の秩序を回復すべく、平氏一門の精鋭を投入した。十二月二日、近江道には知盛を総大将とした軍勢、伊賀道には資盛を総大将とした軍勢、伊勢国には伊勢守藤原清綱を派遣した。

三日後の十二月五日、九条兼実は「江州の勢［美濃源氏等を加えるの定め］四千余騎、官兵の勢僅かに二千余騎」と追討使の劣勢を聞いている。知盛率いる追討使は序盤戦で山本義経の軍勢を破り、十五日には山本義経・柏木義兼の籠もる馬淵城を攻め落とし、十六日には山本義経の本拠地山下城を攻めることになった。

平氏政権はこのあたりで近江の合戦が一段落したと考え、宿題となっていた南都の処分を断行することにした。重衡が、摂関家や興福寺との交渉決裂を確認し、南都を焼討ちしたのは十二月二十八日のことである。一月に入ると、追討使は美濃国まで軍勢を進めて合戦を繰り返し、一月二十日には近江源氏・美濃源氏の籠もる蒲倉城を攻め落とした。

二月に入ると源行家（ゆきいえ）が軍勢を率いて尾張国に入り、追討使の動きを牽制し始めた。追討使の優勢が崩れたことで、平氏政権は畿内近国に対して惣官（そうかん）・惣下司（そうげし）を新設し、総力戦体制で京都防衛を行うことを明らかにした。しかし、追討使は連日の合戦で消耗し、総大将知盛も病に倒れたので、清盛は知盛の軍勢を下げて、興福寺追討を行った重衡の軍勢を新たに派遣することとした。九条兼実はこの頃の戦況について、美濃国の官兵七、八千騎、尾張国の源行家勢を三万騎と記している。追討が四ヵ月目に入った閏二月三日には、「一切粮料（ろうりょう）無きの間、餓死に及ぶべし」と追討使の疲弊を伝える情報が伝わってきた。

このような危機的な状況の中で、閏二月四日に清盛が薨去（こうきょ）した。十五日、総大将重衡は服喪もそこそこに一万三千騎の軍勢を率いて京都を出立した。重衡は三月十日の墨俣（すのまた）合戦で行家の軍勢に勝利して尾張国府まで進出し、さらに先陣は矢作川（やはぎ）まで行家を追跡し、三河国の西部まで勢力圏の回復を果たした。

畿内の戦いは、治承四年十二月から四ヵ月を越えるものとなった。平氏政権は、合戦の初期において一門の人々や家人を中心とした京の武者を投入したが、反乱軍が武者以外にも武装して合戦に加われる者を集めた大軍を組織したので、平氏の家人や京の武者だけでは員数の足りないことが明らかになってきた。そこで、平氏政権は京都防衛戦と位置づけて公家に仕える侍や荘園に賦課する兵士役をつかって軍勢や兵粮(ひょうろう)米を根こそぎ徴収していった。頼朝を含む東国の反乱勢力が京の武者や国侍(くにざむらい)といった武者以外の人々も家人に加えて軍勢を膨らませたのと同じように、平氏政権もまた平氏一門の家人、京の武者、国衙の国侍といった職業人としての武者の枠組みに納まらない人々まで集めて戦場に投入していったのである。治承(じしょう)・寿永(じゅえい)の内乱は、源氏や平氏の家人といった職業人としての武者、政府の命令を受けた国衙が編成する国衙軍（駆武者(かりむしゃ)）、武者ではないが戦闘力を持つと認められる人々で大軍を編成したので、さまざまな人々が参加する戦争へと形態を変えていった。

　墨俣合戦に敗れた近江・美濃の源氏は、雌伏(しふく)を強いられることになった。彼らは寿永二年の木曽義仲の上洛軍に合流して京都を攻め、京の武者として復活することになる。寿永二年七月二十八日の後白河院還御(かんぎょ)行列の先陣を近江源氏の錦織義高(にしごりよしたか)が勤めたことからわかるように、義仲は近江源氏を高く評価していた。近江源氏は、義仲の有力な与党となったことで頼朝を敵にまわした。その結果、頼朝は佐々木氏を近江国守護に抜擢し、治承・寿永の内乱を戦った近江源氏を排除することになったのである。

木曽義仲の挙兵

ここで、治承四年（一一八〇）九月まで時間をさかのぼらせたい。義仲の兄仲家は、宇治川合戦で源頼政とともに自害した。信濃国の平氏家人笠原頼直が謀叛人追討の名目で義仲を討とうとしたので、追い詰められた義仲は兵を挙げ、九月七日に市原で両軍が合戦した。敗れた頼直が越後平氏の城氏を頼って越後国に落ちたことで、義仲は城氏と対立することになった。

十月、義仲は亡父義賢の本拠地上野国多胡郡に進出し、父の縁者や家人を傘下に加えた。しかし、頼朝が平宗盛と結んでいた新田義重の帰順を受け入れて上野国に勢力を伸ばしてきたため、どちらが上野国を勢力圏に組み込むかで対立することになった。義仲は、多胡家包や那波弘澄などの有力豪族を傘下に加えたことで一定の目的を達したとして衝突を回避したが、頼朝の勢力を警戒して依田城（長野県上田市）から離れることがむずかしくなった。義仲は北陸道の実力者城氏と対決するまで、身動きがとれなくなったのである。

十二月、城助永は義仲を追討して信濃国の治安を回復したいと朝廷に申請した。しかし、助永の病死によって申請は宙に浮き、家督を継いだ助職が翌養和元年六月に信濃国に侵攻を開始した。延慶本『平家物語』は、六月十四日に城氏の軍勢六万騎を義仲が率いる信濃・上野の軍勢二千騎が横田河原で迎え撃ったと伝える。『玉葉』は、迎え撃った源氏方を甲斐源氏・木曽党・佐久党の連合軍と伝える。佐久党は、信濃源氏平賀氏・大内氏である。この合戦に敗れた助職は越後国在庁にも叛かれて会津に逃げたが、藤原秀衡が会津に軍勢を入れて併呑したため雌伏することになった。この後、義仲は北陸道で表面化した反平氏の反乱を糾合し、越前国まで勢力を拡大させることになった。平氏一門が、頼朝よりも義仲を重視するようになったのはこの頃からであろう。

平氏政権もこの事態を捨て置くことができず、養和元年八月には北陸道に平通盛や平経正を追討使として派遣した。しかし、追討使は九月六日の越前加賀国境の合戦を越前国在庁稲津新介実澄と白山従儀師斎命の離反にあって敗北し、敦賀津まで退却した。若狭国平定にあたっていた経正は援軍を送れない状態にあり、通盛は敦賀城も攻め落とされて京都に帰還することになった。この間、義仲は頼朝の動きを警戒し、本拠地の信濃国依田城から動くことができなかった。義仲の部将根井行親が水津（敦賀市水津）で平氏と戦ったと伝えるのは、追討使通盛の北陸下向を聞いた義仲が派遣した先遣隊であろう。

治承・寿永の内乱の初期において、頼朝は伊豆・相模・武蔵・安房・上総・下総・下野・上野（一部）を勢力圏とし、武田氏は甲斐・駿河・遠江・三河（一部）を、義仲は信濃・上野（一部）・越前・加賀・能登・越中・越後の七ヵ国を勢力圏とした。この中で、以仁王挙兵の正統な後継者とされたのが義仲であった。平氏政権が近江・美濃の源氏を鎮めた次に、義仲に軍勢を差し向けたのは、穀倉地帯である北陸道を占領したためである。

頼朝と義仲の対決——源氏諸勢力の駆け引きと平氏政権

義仲と頼朝の立場の違い

源頼朝挙兵に始まる東国の内乱は、おおよそ一年を経て、頼朝と義仲の二人が中心となること、頼朝と同盟関係にある甲斐源氏が自立した勢力として東海地方を確保したこと、奥州藤原氏が東北の地方政権として中立を保って動かないことが明らかになった。

寿永元年（一一八二）七月、奈良にいた以仁王の王子（北陸宮、後の桜井僧正法円）を乳母夫讃岐前司藤原重季が北陸に落とした。重季の姉妹は右大臣九条兼実の夫人なので、九条家の縁者を頼って比叡山を越え、北陸道に脱出したと思われる。義仲は、北陸宮を迎えて越中国宮崎（富山県朝日町）に行宮を構えた。義仲は、北陸宮を擁することで以仁王挙兵の正統な後継者であることを明確にしたのである。

河内源氏の棟梁を自認する頼朝は、早くから以仁王令旨を受け取っただけの立場を抜け出したいと考えていた。治承四年十二月、頼朝と後白河が水面下で交渉を始めたとの疑惑が京都で囁かれていた。十二月六日、検非違使別当平時忠は、前中納言源雅頼の館に踏み込んで、中原親能を捕らえようとした。親能は雅頼の嫡子兼定の乳母夫であるが、源義朝の家人波多野氏に育てられた縁から、頼朝と親しくしていたと疑われたのである。その後、後白河と頼朝を結ぶ存在として、院近臣平親宗の名前があげられた。親宗は後白河の寵妃建春門院の弟で、後白河院政と平氏一門をつなぐ存在として頭角を現した。建春門院の薨去によって後白河と平氏一門との関係が疎遠になると、親宗は院近臣の立場を明確にしていった。坂東には、治承三年十一月のクーデターで上総権介広常に預けられた甥の伯耆少将時家がいた。親宗と時家は建春門院の院司として仕事をしていたので、時家・広常を通じて頼朝と連絡がとれるのではないかと疑われたのである。

源頼朝の密使

養和元年（一一八一）八月、後白河は頼朝の奏状を披見し、平宗盛に意見を求めている。奏上の論点を整理すると、次のようになる。

第一に、頼朝の挙兵は朝廷に対する謀叛ではなく、後白河のために逆臣をとりのぞこうとしたものである。これは以仁王令旨に沿った主張で、以仁王が目指した正義に挙兵の正統性を求めている。

第二に、後白河が平氏一門を滅ぼすことを求めないのであれば、以前のように源氏と平氏が並ぶ状態に戻し、平氏が西国の治安を守り、源氏が東国の治安を守るのがよいと伝える。第一の提案が受け入れられない場合の代替案であるが、頼朝を平氏と並ぶ権門として承認することを求めている。この代替案から、以仁王の戦いを継承して偽帝安徳を退位させ、奸臣平氏一門を滅ぼすという意思は読み取れない。むしろ、後白河院政のもとに帰順する論理を模索しているとみてよい。頼朝が、以仁王令旨の目指した正義の戦いの枠組みから逸脱していることは注目に値しよう。後白河からこの奏状をみせられた宗盛は、清盛の遺言が「我が子孫、一人といえども、生き残る者、頼朝の眼前に骸を曝すべし」(『玉葉』)であったとして頼朝の提案を拒絶した。平氏一門に妥協の余地がないことを確認した頼朝は、坂東の地盤を固めていくことに力を注ぐことになった。

内乱を沈静化させた要因

治承四年、畿内・西国が旱魃に襲われ、翌養和元年は飢饉となった。この時の惨状を、『方丈記』は「築地のつら、道のほとりに、飢ゑ死ぬるもののたぐひ、数も不知」と端的に記している。平氏政権は、飢餓に陥

図6　後白河院像（『天子摂関御影』より、宮内庁三の丸尚蔵館所蔵）

った京都の首都機能を維持するために、物流の確保および軍勢を維持するための兵粮米確保を優先させ、反乱鎮圧は先送りすることになった。

平氏政権は、この問題に対処するため、西国諸国に勧農使を派遣した。勧農使は租税の核となる農業の生産力を維持すると同時に兵粮米の確保を目的とした使者で、兵粮米徴収の折りには強権発動に及ぶこともあった。飢饉で多くの餓死者を出している京都に軍勢を集めておくことはできないので、平氏は軍勢を各地に分散させた。諸国に薄く広く負担を分散させることで飢饉を乗り切ろうという意図があったのであるが、強権的な兵粮米の徴収は各地で地元の勢力と軋轢をおこすことになった。飢饉の土地に軍勢を入れると融けるように消えていくので、養和から寿永の合戦は飢饉の被害を受けなかった北陸道に集中することになった。

治承五年（一一八一）二月、平氏政権は「一　京中在家計らわるべき事、大略、公家富有を知ろし食めすの者、兵粮米を宛て召さるべきの故と云々、但し兵粮米に限るべからず、院宮諸家併せて宛て奉るべし、是天下飢饉の間、富を割きて貧に与うるの義なりと云々」（『玉葉』治承五年二月二十日条）と、洛中の富裕な住人に兵粮米を供出させる有徳役を課した。「高山寺文書（六曲屏風）」に収められた筑前国野介庄の荘官紀俊守言上状は、年貢の所当米七百九石のところに兵粮米三百五十石が賦課され、国衙から厳しい督促を受けたと伝える。首都機能の維持と反乱鎮圧の軍勢を維持する経費は、西国の住民に重い負担となってのしかかっていった。養和の飢饉は、平氏側の軍事行動を著しく制約することになったのである。

頼朝と義仲の和解成立

平氏が政権崩壊を食い止めるべく飢饉対策に追われている頃、頼朝と義仲はそれぞれに独立した勢力圏を確立した反乱軍の首領に成長していった。ただ、甲斐・駿河・遠江を支配する甲斐源氏の人々は、北陸宮を擁する義仲や河内源氏の棟梁として振る舞う頼朝と違い、国棟梁から武家の棟梁に格上げする条件を持っていなかった。頼朝と連携する地方勢力というのが、甲斐源氏の立場である。

寿永年間（一一八二〜八五）になると、八条院蔵人源行家と志太義広の動向が注目されてくる。

行家は、以仁王令旨を諸国の源氏に伝えた人物として知名度を持っていた。しかし、行家は治承五年三月の墨俣合戦に敗れて勢力圏をつくることに失敗したので、頼朝は鎌倉に身を寄せた行家に食客の待遇しか与えなかった。頼朝の冷遇に失望した行家は、義仲を頼って信濃国に向かうことになる。頼朝が以仁王挙兵の延長線上に内乱を考えていたのであれば、行家は以仁王令旨を諸国に伝えた功労者として一目を置いた扱いをするはずである。内乱の中で、鎌倉殿を頂点とした独自の組織を作り始めていた頼朝は、食客となる行家を不要と切り捨てたといえる。

志太義広の場合、事態はもっと複雑である。義広が、頼朝を支持する小山朝政の軍勢と野木宮で戦って敗れたのは、寿永二年（一一八三）二月二十三日である。この合戦は、義広が常陸国の与党を集めて義仲に合流する途上で、小山一族の勢力圏を通過しようとして起こった。頼朝と義広が友好的な関係にあるのであれば、小山一族は所領の通過を問題としないだろう。しかし、小山朝政は義広の軍勢通過を許さず、野木宮で迎え撃って合戦となった。『吾妻鏡』は義広が鎌倉を襲おうとして軍勢を動かしたと記しているが、軍勢の進路を地図に落とせば、上野国に向かって西進していたことがわかる。

義仲の立場から考えれば、小山氏が義広を襲ったことを見過ごすことはできないだろう。義仲は頼朝が自分で処分すると言わない限り、小山氏懲罰の軍勢を起こさなければ面目が立たない。頼朝としても、義仲が小山氏を討つことを見過ごすことはできないので、自らの手で朝政を処罰するか、拒否の回答をして後の事態に備えなければならない。野木宮合戦が、義仲と頼朝との関係を決定的に悪くしたことは疑いがない。

この合戦は、誰が源氏の代表として平氏政権と雌雄を決するかを決める反乱軍側の決勝戦となるはずであった。しかし、義仲は頼朝の元に人質として志水冠者義高（しみずのかじゃよしたか）を送ることで和解を成立させた。この和解により、義仲は主力の軍勢を北陸道の合戦に投入することが可能になった。

追討使進発と義仲

寿永二年四月十七日、北陸道追討使が京都を進発した。追討使は平氏一門の軍勢を主力としたが、京の武者や朝廷の武官、国衙（こくが）の国侍（くにざむらい）といった人々が多く加わり、それに惣官（そうかん）・惣下司職（そうげししき）の設置によって動員可能となった畿内の兵士が加わった。この軍勢は、平氏政権が勢力圏とした諸国から武者・兵士をかき集めた大軍であった。『平家物語』諸本は、その軍勢を十万騎と記す。

追討使を迎え討つ義仲の軍勢は、義仲が信濃国・上野国から引き連れてきた本隊に、越前国在庁稲津新介実澄や白山長吏斎命をはじめとした北陸道諸国の国衙在庁・国侍や地方の武士と白山をはじめとした権門寺院末寺の衆徒であった。義仲本隊は、義仲の重代家人である信濃・上野の武者や、信濃国一宮諏訪大祝の一族が中心であった。一方で、頼朝と親しい佐久源氏平賀義信は、義仲とともに横田河原合戦を戦ったが、その後は頼朝と誼を通じてこの合戦には加わらなかった。

四月二十七日、追討使は義仲の拠点燧城（福井県南越前町）に攻めかかった。この城には、義仲が派遣した部将落合兼行と白山長吏斎命・稲津新介実澄以下五千余騎が入っていたという。『平家物語』諸本を読む限り、追討使の軍勢から合戦による死傷者は確認されても、移動による損耗（落伍・離脱）はあまりみられない。十万騎の軍勢が誇大であるにしても、騎馬武者一騎には徒歩の従者と軍馬が随伴するので、食料・飼葉をはじめとした膨大な補給物資が必要となる。近代の軍隊でさえ、騎兵隊がもっとも損耗しやすい兵科といわれた。馬を潰した騎兵隊が下馬歩兵と嘲られるのも、軍馬を維持することが難しかったためである。追討使には反乱鎮圧に協力する国衙から物資が供給され、進路の村々の食料・飼葉をイナゴの大群のように食べ尽くしていったとしても、公称十万騎の軍勢を維持することは大変だったろう。この巨大な遠征軍にとって最も危険なことは、一ヵ所に留まることであった。燧城が斎命の内通によって短期間に落城したことは、幸運であった。燧城を落とした追討使は安宅湊（石川県小松市）で富樫宗親・宮崎太郎の軍勢を破り、宗親・林光明の籠もる城（富樫城カ）を続いて攻め落とした。この頃になってようやく、義仲本隊が池原（砺波市）に到着している。

五月十一日、平氏は大手七万騎が砺波山から砺波平野へ、搦手三万騎が迂回して志雄から氷見を経て砺波平野に出ようとした。大手の先陣越中前司盛俊は五千騎を率いて、倶利伽羅峠を越えて般若野まで進んで義仲本隊と一戦を交え、三千騎まで減ったところで加賀国まで退いた。追撃する義仲勢は、倶利伽羅峠の麓に陣を敷いた追討使本隊七万騎と向かい合うことになった。源行家は搦手の軍勢を率いて志雄に進出し、追討使の搦手と対陣した。九条兼実の日記『玉葉』には、倶利伽羅峠で戦った追討使大手の軍勢を四万騎、賊徒（義仲勢）五千騎と記している。こちらの方が実数に近い数字であろう。

この夜、義仲は平氏の本隊に夜襲をかけて倶利伽羅峠で打ち破っている。追討使は峠道を背にした布陣のまずさゆえに、前陣が破られると混乱は全軍に波及し、峠道で逃げ場を失った多くの者が落命することになった。

翌十二日、義仲は行家を支援するために志雄に向かった。義仲本隊の接近をみた平氏は急いで退き、安宅湊の橋を落として路次を塞ぎ、篠原宿(しのはらじゅく)(石川県加賀市)まで退いて軍勢を整えた。

篠原合戦

ここで、合戦は膠着状態に陥った。六月一日、義仲の軍勢は梯川(かけはし)を渡り、平氏が陣を構える篠原に進出して合戦となった。当初、両軍は互角に戦っていたが、平氏方の形勢が悪くなると駆武者(かりむしゃ)とよばれる寄せ集めの武者たちが脱落し始め、平氏は一気に敗勢へと傾いていった。平氏方でも、畠山重能(はたけやましげよし)は家人を率いて追討使に加わったので、木曽方の樋口兼光と戦い、五百騎の軍勢が半分に減らされても、陣形を維持して引き退いた。しかし、平氏の家人高橋長綱の軍勢は、「しばし支へて戦ひけるが、高橋が勢は国々の駆武者なれば、一騎も落ちあはず、われ先にとこそ落ち行きけれ」(『平家物語』)と、駆武者を多く抱えた軍勢の脆さを露呈させた。国衙の命令によって集められた駆武者であれば、主人と重代家人のように団結は強くない。命令の範囲内で戦うというのであれば、負け戦ともなれば退却しても問題ないのである。治承四年十二月に始まる平氏政権の軍制改革は、平氏の軍勢を京の武者に名を連ねた弓馬(きゅうば)の道の職人集団から、国家権力によって大量動員した非正規の武装集団を多く含む寄せ集めの軍勢へと変質させた。倶利伽羅合戦・篠原合戦に共通してみえる追討使の脆さは、参加した武者・兵士が死を賭して戦うべき目的を持たない人々の集団であったためであろう。命令で集められた人々に、名誉のために命を賭けて戦う戦士の強さを求めるのが無理な話なのである。

京都進撃

篠原合戦に勝利した義仲は、北陸道をそのまま南下する大手と、いったん東山道に迂回して京都を目指す搦手の二手に軍勢を分けた。この段階で、僧兵三万人ともいわれる比叡山延暦寺の動向が、京都をめぐる攻防の帰趨を定める大きな要因となってきた。

義仲は越前国府で追撃の軍勢を止めて、延暦寺に対して協力を求める使者を送った。その後、義仲本隊は近江源氏・美濃源氏の協力が得られる東近江を南下して京都に迫ろうとしたが、延暦寺が味方することがわかると、軍勢を琵琶湖の東岸から西岸に渡らせた。東坂本とよばれる琵琶湖西岸の港湾都市に木曽方の軍勢が集まり、林光明が延暦寺に登って北白川から攻める布陣を敷くと、平氏一門は宇治や山科などに派遣していた軍勢を京都に引き上げさせて市街の守りを固めた。

東山道に向かった搦手は、遠江から進撃してきた甲斐源氏安田義定の軍勢と合流した。東山道に出た源行家は、義仲本隊が宇治・瀬田から京都に攻める態勢をとるため、伊勢から大和国に回って京都南方に展開しようとした。伊勢・伊賀に入った行家は、伊勢平氏の本拠地に残る平田家継以下の平氏家人と激しく戦っている。一方、足利義清は北陸道を西進して丹波国に入り、京都の西側に回ろうとした。摂津源氏の多田行綱は都を離れて摂津国に戻り、国内の軍勢を打ち従える勢いを示した。この情勢をみた平氏は京都の防衛が不可能になったと判断し、七月二十五日に福原に退いている。

義仲・行家が畿内の源氏を従えて入京したのは、七月二十八日のことである。入京の先陣は、近江源氏の錦織判官代義高がつとめた。

疲弊する京都と木曽義仲の戦力

義仲が率いて上洛した軍勢は、統制がとれておらず、洛中で乱暴狼藉が行われたといわれる。主たる原因は、戦争と西国の飢饉によって京都の街に物資が不足していたこと、上洛軍が十分な兵粮を持っていなかったためと考えることができる。義仲が勢力圏とする東山道や北陸道は旱魃の被害が小さかったが、そこから遠征軍を維持するのに必要な物資が送られてこなければ現地調達ということになってくる。京都に集積されていた物資をめぐって攻め込んだ軍勢と京都の住民との間で奪い合いの始まったことが、義仲の評価を下げる大きな要因となった。

後白河は、京都の治安を回復するため、義仲に対して洛中警固の体制強化を命じた。分

表１　後白河法皇院宣による洛中警固分担地域

警固者名	警固担当地域
源三位入道子息（源頼兼）	大内裏より替川に至る地域
高田四郎重家 泉次郎重忠	一条北・西朱雀西より梅宮に至る地域
出羽判官光長（土岐光長）	一条北・東洞院西より梅宮に至る地域
保田三郎義定（安田義定）	一条北・東洞院東より会坂に至る地域
村上太郎信国	五条北・河原東より近江境に至る地域
葦敷太郎重隆	七条北・五条南・河原東より近江境に至る地域
十郎蔵人行家（源行家）	七条南・河原東より大和境に至る地域
山本兵衛尉義経	四条南・九条北・朱雀西より丹波境に至る地域
甲斐入道成覚（柏木義兼）	二条南・四条北・朱雀西より丹波境に至る地域
仁科次郎盛家	鳥羽四至内の地域
義仲（木曽義仲）	九重内ならびにこの他の地域

（注）『吉記』寿永２年７月30日条をもとに作成。人名の表記は『吉記』にしたがう。

担地域は表1として掲げるが、ここに名を連ねた人々を分類すると次のようになる。

・木曽義仲挙兵に参加して北陸道合戦を戦った人々

木曽義仲・源行家・村上太郎信国・仁科次郎盛家

・近江源氏

山本兵衛尉義経・甲賀入道成覚（柏木義兼）

・美濃源氏

高田次郎重家・泉次郎重忠・出羽判官光長・葦敷太郎重隆

・甲斐源氏

安田三郎義定

・摂津源氏

源頼兼

以仁王令旨に応じて戦った諸国の源氏や地方豪族は、義仲の上洛によって目的の第一段階を達成したことになる。しかし、義仲は以仁王挙兵の後継者として戦ったので、次の段階である北陸宮の即位に話が進んでいくことになる。この問題が、後白河との厳しい対立を生みだし、後白河と頼朝を連携させる主要な要因となっていくのである。

木曽義仲の滅亡

後白河院と木曽義仲

平氏政権が安徳天皇と剣璽を伴って西国に落ちたことは、京都に残って朝廷を存続させようとする後白河院政に大きな難題をつきつけることになった。木曽義仲には以仁王の遺児北陸宮を皇位に就けるために戦ったという立場があり、後白河は高倉・安徳の皇統を擁する平氏政権とは別の皇位継承問題を抱え込むことになった。

後白河は、当初から以仁王挙兵に正当性を認める義仲と手を結ぶことはできないと考えていた節がある。後白河からみて、以仁王とその与党は八条院の傘下にいた鳥羽院旧臣派の生き残りであり、後白河院政にも平氏政権にも属さない中立勢力を形成していた。以仁王を支持して戦った源氏に八条院の関係者が多いのも、権力抗争の圏外にいた京の武者が温存された結果である。八条院のもとに集う旧鳥羽院政派と義仲が率いる東国の源氏が結びつくことは、後白河にとって懸念すべき問題といえる。

後白河は、義仲とともに京都に集結した源氏の諸勢力を分断して切り崩すこと、義仲と八条院の支持勢力を結びかせないこと、義仲を牽制する交渉の駒として源頼朝との結びつきを強めることなど、政治的な駆け引きを開始した。

七月三十日、後白河は公卿を集めて議定を開き、勲功の順位を「第一位頼朝、第二位義仲、第三位行家」と定めた。以仁王挙兵以来の戦いの経緯を知る者なら、平氏政権と戦ったのが義仲・甲斐源氏・近江源氏・美濃源氏の諸家であることはわかるだろう。頼朝は伊豆目代山木兼隆を討って東国の反乱の口火を切ったが、甲斐源氏が富士川合戦で追討使を破った後は、鎌倉を中心とした地方政権の基盤づくりに精力を注いできた。平氏政権と戦いを続けて消耗させたのは、義仲や近江・美濃の源氏であった。

平氏を西走させたのが、北陸道の決戦に勝利した義仲であることは間違いない。しかし、後白河は頼朝の勲功を第一と持ち上げた。頼朝が、五位の官位を持つこと、後白河と密使をやりとりして意思疎通の回路を開いていたこと、東国の動乱が頼朝の造意（計画）によって展開したと主張したためである。

ここで、以仁王挙兵とはどういう事件だったのかという原点に戻る必要がある。義仲は、宇治川合戦で自害した兄仲家の遺志を継ぎ、以仁王の王子北陸宮を擁して戦ったと主張するであろう。この主張を認めれば、以仁王が天武天皇を先例として東国の戦いを始めた以上は、安徳天皇の次に北陸宮が即位する流れとなる。しかし、後白河は東国の内乱を頼朝の計画によるものと主張した。これは、以仁王挙兵と頼朝挙兵以後の東国の内乱を、切り離して考えることを示している。後白河が京都を占領した義仲の対抗馬として頼朝を引き立てていったことが、頼朝の鎌倉幕府草創の大きな要因となっていくのである。

北陸宮の処遇をめぐる問題

後白河は、高倉院の皇子惟明(これあきら)親王・守貞(もりさだ)親王のうち、どちらかを践祚(せんそ)させようと考えていた。ところが、義仲は八月十四日に北陸宮即位の希望を伝えてきた。後白河がこのことをまったく予想していなかったのか、予想していなかったふりをしたのかは明らかでないが、以仁王は壬申(じんしん)の乱に勝利した天武天皇を先例として挙兵したので、平氏を追討した暁には自身が即位するつもりでいたことは明白である。北陸宮を奉じる義仲とともに戦った人々も、北陸宮が以仁王の後継者である以上は、北陸宮の即位を当然のことと考えたであろう。北陸宮をどのように処遇するかという問題が、後白河と義仲との対立の原点となっていく。

八月十六日、後白河と義仲の話し合いがまとまり、勲功賞の除目(じもく)が行われた。義仲は左馬頭(さまのかみ)に補任(ぶにん)され、伊予国知行国主となった。また、源行家が備前守、安田義定が遠江守に補任されている。その他の人々も、検非違使(けびいし)をはじめとした官職に補任されたというが、この時の除目の聞書(ききがき)は残されていない。

この中で、上洛しなかった頼朝の勲功賞は保留された。「追って、申請すべし」という申請権の留保はよく出来た筋書きで、頼朝を義仲の上位の官職に着けたら義仲の猛反発は必至であったし、頼朝が義仲より低い官職を授けられたら拝任を拒否することは目にみえていた。後白河も密使のやりとりから頼朝の政治的な判断力が他の源氏と比べものにならないことに気づいていたであろうし、頼朝なら自分の思惑を読んで動くであろうことを予測して「頼朝第一」を言い出したのであろう。この段階では、頼朝は朝敵解除を受けるだけで十分であり、昇進の権利を留保して義仲との上下関係を明確にしない方が得策であった。

後白河は、義仲の意向を封じるため、高倉院三宮・四宮・北陸宮の三人の中で天皇にふさわしい人物を神意に託そうと提案し、神祇官に亀卜(きぼく)、陰陽寮(おんようりょう)に式占(しきせん)を行うことを命じた。

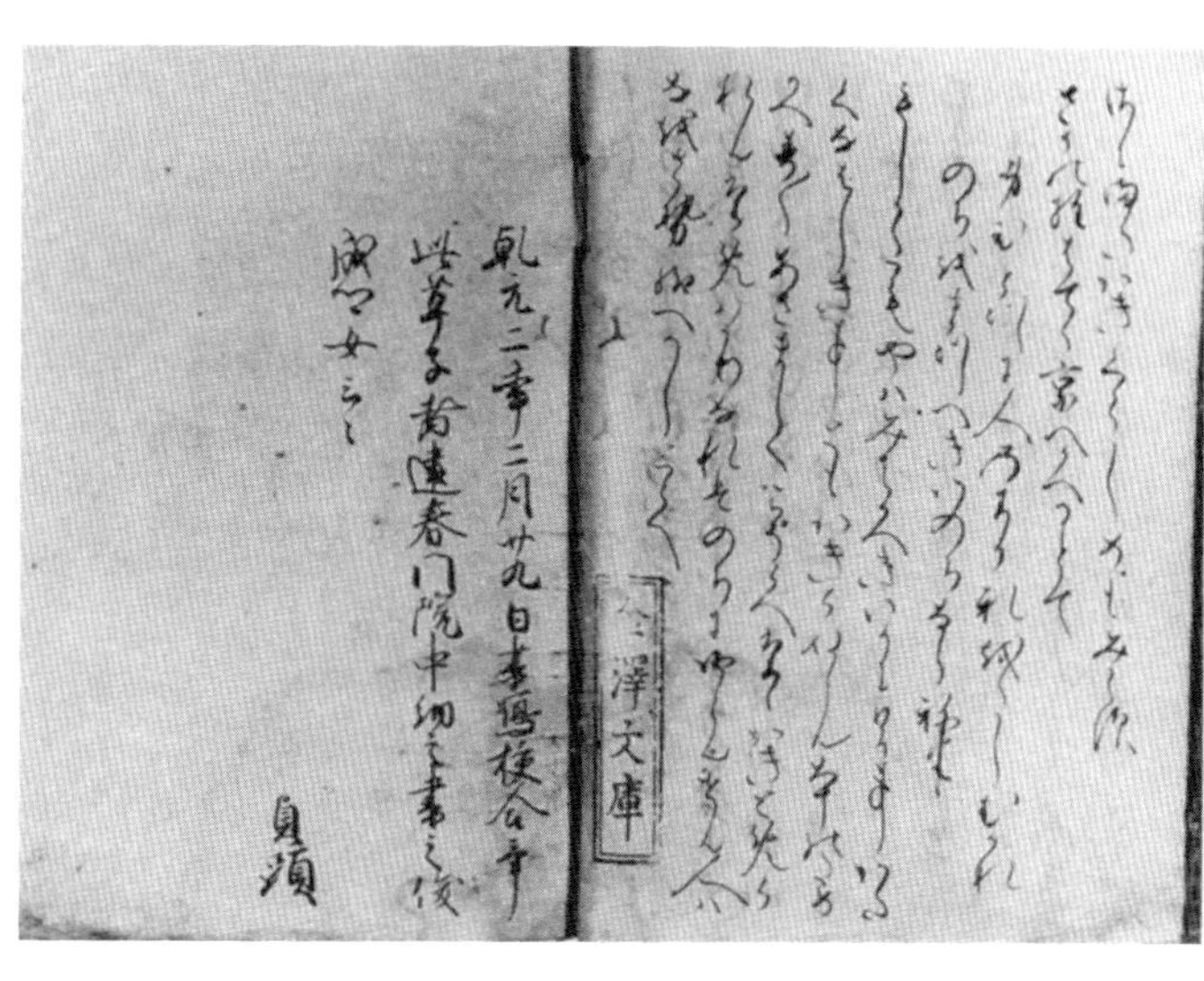

図7　『たまきはる』（神奈川県立金沢文庫所蔵）

ト占は三宮を第一としたが、その後女房の夢想によって四宮が第一になったと『玉葉』は伝える。八条院に仕えた女房中納言（藤原定家の姉）は、後白河がト占の前に八条院御所を訪れ、四宮を即位させるつもりであると伝えたことを彼女の回想録『たまきはる』に書き残した。八条院が以仁王の家族を御所に迎えて家族同様の生活をしていたことを考えれば、八条院の内意を確認しておく必要があったのであろう。後白河は、神祇官と陰陽寮の占いがどんな結果であれ、学者の高倉範季が養育した四宮（後の後鳥羽天皇）を最も危険の少ない後継者と考えていたといえる。そのうえで、後白河は日本国を神仏の加護によって栄える国と規定した権門寺社の護国の論理を建前論として用いて、義仲の意向を封じたのである。

後白河の意向により、後鳥羽天皇の践祚は寿永二年八月二十日に行われた。践祚の式は、高倉範季が取り仕切った。義仲の北陸宮擁立は失敗し、以仁王挙兵に始まる治承・寿永の内乱の第一幕がここに終わることになる。

『三国志』のごとし

九条兼実の日記『玉葉』寿永二年八月十二日条には、次のように記されている。

（前略）当時備前国小島に船百余艘在りと云々、或る説に云く、鎮西諸国宰吏を補すと云々、大略、天下の体、三国史の如きか、西の平氏、東の頼朝、中国已に剣璽無し、政道偏へに暴虎と枉弱なり、甚だ其の憑み無きに似るか、征伐遅引、院中諸人、心を闕国及庄園等に懸け、君またこの欲に貪着す、上下境に逢う、歓喜他に無し、天下の亡弊を知らず、国家の傾危を顧みざること嬰児の如し、禽獣の如し、悲しむべし、悲しむべし、

九条兼実は、この国が『三国志』のような状況になったと歎いている。木曽義仲は遠征軍を率いて京都を占領したものの、皇位継承問題、勲功賞の問題、三種神器の問題、洛中

の治安回復の問題など、京都の複雑な政局に巻き込まれて身動きがとれなくなっていた。後白河が頼朝の存在をちらつかせて牽制したことも、総大将義仲の権威を落とし、上洛軍を解体へと導いていった。その間に、安徳天皇を擁する平氏一門は西国で勢力を盛り返し、義仲・頼朝・平氏の三者が鼎立（ていりつ）する形勢をつくりだしていった。

九月に入ると、前中納言源雅頼のもとに中原親能（なかはらちかよし）の使者が来て、頼朝が上洛を考えていること、親能が使者として先に上洛することを伝えてきた。中原親能は雅頼の嫡子兼定の後見を務めていたので、平大納言時忠が頼朝の縁者として追捕しようとしなければ、出奔しなかったであろう。時忠は、京都に人脈を持つ有能な文官を頼朝に送ったことになる。

九月二十日、義仲は後白河から平氏追討が遅れていると責められ、軍勢を率いて播磨国まで出陣した。十月一日、九条兼実は後白河が頼朝のもとに派遣した院庁官中原康貞が先日帰洛したとの噂を聞いた。中原康貞が頼朝から預かった奏上は、『玉葉』寿永二年十月四日条に載せられている。

一　勧賞を神社仏寺に行わるべき事、右、日本国は神国なり、而（しか）らば頃年の間、謀臣の輩、神社の領を立てず、仏寺の領を顧みず、押領の間、遂にその咎（とが）により、七月廿五日忽ち洛城を出で、処所に散亡す、王法を守護するの仏神、冥顕の罰を加え給はる所なり、全く頼朝微力の及ぶ所に非ず、然らば、殊なる賞を神社仏寺に行はるべく候、近年仏聖灯油の用途已に闕く、先跡無きが如し、寺領元の如く本所に付すべきの由、早く宣下せらるべく候、

一　諸院宮博陸以下の領、元の如く本所に返付せらるべき事、右、王侯卿相御領、平家一門押領の数所、然らば、領家その沙汰を忘れ、堪忍に能わず、早く聖日の明詔を降し、愁雲の余気を払うべし、攘災招福の許、何事かくの如きや、頼朝尚彼領等を領すれば、人の歎き平家と相同じに候か、宜しく道理に任せ御沙汰有るべし、ていり、

一　奸謀の者と雖も、斬罪を寛宥せらるべき事、右、平家郎従落ち参るの輩、縦へ科怠有りと雖も、身命を助けらるべし、所以は何か、頼朝勅勘を蒙り、事に坐すと雖も、更に露命を全うす、今朝敵を討つ、後代またこの事無きや、忽ち斬罪を行わるべからず、但し罪の軽重に随い、御沙汰有るべきか、

以前の三ヶ条の事、一心の所存此くの如し、早く此の趣を以て、計らい奏達せしめ給ふべし、仍て大概を注し上啓件んの如し、

三箇条のうち、日本国は神国であると敬神を謳う第一条は、国政に関わる者が冒頭に宣

言する約束事なので、定型文として処理してよい。第二条は、諸院宮領・摂関家領をはじめとした公家領の復興を謳う。源頼朝が朝廷や公家政権に対して協調的な姿勢を示していることは重要である。第三条は、平氏与党の降参を受け入れ、命までは取らないと述べる。平氏与党の帰順を認めると明言したのは、義仲討伐に続く、平氏一門との戦いをすでに視野に収めた交渉を始めていることを示している。寿永二年十月宣旨(せんじ)以前の段階で、頼朝はこの提案を行っている。後白河と対立して勢力の切り崩しにあっている義仲との政治力の違いは、歴然といえる。

北陸宮の乳母夫藤原重季(ふじわらのしげすえ)は九条兼実の妻の兄弟なので、北陸宮に将来性が見いだせれば、兼実は義仲を支持した可能性があろう。その兼実をして「憑(たの)む所は、ただ頼朝の上洛」と言わしめてしまうところに義仲の失敗と不人気がある。

寿永二年十月宣旨

西国(さいごく)に落ちた平氏一門は、後白河・頼朝・義仲が京都で駆け引きを繰り広げている間に勢力を回復させていた。九月五日、九条兼実は平氏が四国・淡路・安芸・長門・周防・鎮西諸国を従えているとの情報を聞いている。義仲は備前国まで軍勢を進めて平氏を破ったが、局地的な勝利で情勢は変わらなかった。

その間に後白河と頼朝との話し合いは進み、十月十四日に寿永二年十月宣旨とよばれる宣旨が発布した。この宣旨は、東海道・東山道・北陸道の治安を安定させるため、頼朝に国衙在庁を指揮する権限を与えるというものであった。この宣旨によって、頼朝は東海道・東山道で自由に軍勢を動かす権利を持つことになった。頼朝の実効支配が及んでいた地域が、伊豆・相模・上野を西側の境界としていたことを考えれば、この宣旨で獲得した軍事指揮権の範囲の広大さがわかるであろう。また、頼朝に権限が与えられた国々には、義仲の勢力圏や義仲与党の多い国々が含まれていた。義仲が備前国で平氏と戦っている最中に、このような重要な決定がなされたのであるから憤るのは当然といえよう。後白河は十月二十三日に頼朝に与えた北陸道の国衙在庁指揮権を召し返し、信濃・上野両国を義仲の知行国とすることで義仲を宥め（なだ）ようとした。この修正案では、義仲の本拠地信濃・上野両国に対する国衙在庁指揮権が頼朝の掌中に残されることになった。一方、一度は決定にいたった合意を覆された頼朝は、義仲に対する対決姿勢を強めていくことなった。

閏十月に入ると、義仲が山陽道に派遣した追討軍は備中国水島で平重衡（たいらのしげひら）と合戦し、大将の足利義清と海野幸広（うんのゆきひろ）が討ち取られる大敗を喫した。この水島合戦は、平氏が日蝕（にっしょく）を利用して勝利したので、天文学史の上で有名な事件として語られている。

同じ頃、義仲と平宗盛との間で剣璽を京都に戻す交渉が始まっていた。頼朝が東海道・

東山道の国衙在庁指揮権を使って源義経と中原親能を伊勢国に派遣し、京都の義仲に牽制をかけ始めたためである。義経・親能は宣旨の使いとして伊勢国に入ったので、朝廷から与えられた権限に基づく公権力の行使であった。水島合戦に勝利した平氏の先陣は、備前・美作を越えて播磨国に進出してきた。義仲が追討の対象である平氏の東進を放置するのは両者の間に和議が成立しているからではないかと、京都の人々は疑問の目を向けていた。

義仲が八方塞がりに陥ったことが明らかになると、行家が離反した。大和源氏石川判官代義兼は義仲と行家の決裂を九条兼実に報告し、九条家配下の京武者として生き残る方策を模索した。義仲は行家に対して共同で頼朝と戦うことを提案したが、行家は平氏の動きを抑えるため西国に出陣することを逆提案し、十一月八日に二百七十騎の軍勢を率いて出陣した。重衡は十一月九日に備前国府を襲って検非違所惟資率いる国衙の軍勢を破って室津に進出し、行家を十一月二十九日の室津合戦で破った。

この時期、近江・美濃・摂津・河内の源氏や北陸道の豪族たちは、義仲を見限って後白河の側につくか、帰国の道を選んでいた。後白河は義仲の切り崩しに成功したと考え、院近臣平知康を使って義仲を挑発した。『平家物語』の中で笑話として扱われる「鼓判官」

である。両者の軋轢(あつれき)は、十一月十九日に義仲が後白河を法住寺御所に襲う法住寺合戦へと発展した。九条兼実は義仲の軍勢を「その勢、幾ばくならずと雖も、その衆甚だ勇なり」と評価している。木曽方では仁科盛家・高梨高直・根井行親・楯親忠・樋口兼光・今井兼平など信濃国から従ってきた人々が活躍し、院方でも美濃源氏土岐光長の一族が善戦した。これにより義仲は合戦に勝利したものの後白河を敵に回したことが明確になった。『平家物語』諸本はこの合戦の頃に北陸道の豪族たちが帰国したと記すので、義仲が払った勝利の代償はあまりにも大きかった。

十二月二日、義仲は、平氏に使者を派遣して和平の具体的な交渉を行った。宗盛は平氏一門の上洛を可能とする提案に好意的な理解を示したが、知盛が義仲と同盟関係に入ることに難色を示した。平氏一門はこの和談をいったん拒否し、本拠地福原に軍勢を進めた。

最後の決戦を前に

九条兼実は、元暦元年（一一八四）正月十三日に平氏が上洛しなかった理由を次のように聞いている。第一に義仲が後白河を伴って北陸に落ちるという噂のあること、第二に平氏が丹波国に派遣した軍勢が義仲与党と衝突したこと、第三に行家が渡辺津に進出して平氏の軍勢が上洛する道を塞いでいたことである。平氏と義仲の交渉は休戦まで進んでいたが、平氏が入洛するための条件を整えるところまで煮詰まっていなかったということであろう。

正月十六日、近江国に進出していた義仲の家人が、頼朝の上洛軍を発見した。

ここで、義仲に最後まで付き従った人々を分析しなければならないのだが、延慶本『平家物語』は「木曽か方には、折節、都に軍勢なかりける」と記している。諸方に軍勢を派遣した虚を突かれた形で、合戦が始まったことを示している。それでも登場する名前をあげると、次のようになる。

義仲本隊　那波弘澄（上野）・多胡家包（上野）・手塚別当父子（信濃）・山本義弘（近江）・錦織義高（近江）

瀬田　今井兼平（信濃・乳母子）

宇治　仁科・高梨・小田（信濃）・山田重弘（美濃）

芋洗　志太義広（常陸・叔父）

源行家討伐　樋口兼光（信濃・乳母子）・千野光弘（信濃）

戦いは正月二十日辰刻（午前七時過ぎ）に始まったというから、明るくなるのを待って渡河戦を始めたのであろう。範頼率いる主力が瀬田から、源義経率いる搦手が宇治から攻め上がり、上洛軍は木曽方を数で圧倒する一方的な戦いを展開した。

この合戦で木曽方として戦った人々の顔ぶれから、義仲に最後まで従った人々が明らかになる。第一が以仁王令旨を奉じて挙兵し、京都に進撃してきた義仲に合流した源氏の人々である。河内源氏の志太義広、近江源氏山本義経、美濃源氏の山田重弘などがそれである。また、義仲が重代の関係を結んでいた信濃・上野の豪族も、最後の戦いまで名を連ねていた。それとは対照的に、反平氏の挙兵をした後、そこに勢力を伸ばしてきた義仲に合流した北陸道の国衙在庁や地方豪族の名前がみえない。さらには、義仲の京都進撃に呼応した甲斐源氏の人々は頼朝方として名前がみえるし、入京後に義仲と対立した行家や、畿内で独自の動きをしてきた石川義兼は反義仲の動きを示して討伐に向かった樋口兼光と対峙していた。

源頼朝と後白河法皇

日本一の大天狗との対決

頼朝代官源範頼・源義経

源義朝の子供たちの中で、頼朝の陣営には蒲冠者範頼・阿野法橋全成・九朗判官義経の三人が加わった。彼らは、独自の勢力圏を築いていなかったので、頼朝の意向で動く手駒となった。

範頼と義経の背後にいるもの

範頼は、遠江国池田宿の遊女を母とし、遠江国蒲御厨で幼少を過ごしたと『尊卑分脉』は記している。『玉葉』元暦元年（一一八四）九月三日条は、後白河院の別当で後鳥羽天皇を養育した高倉範季が、「件の男幼稚の時、範季子として養育、よって殊に相親しむ」と範頼も育てたことを伝える。範頼の「範」の字は、高倉家の通字であろう。

範頼の右筆中原重能は、後白河の使者として寿永二年（一一八三）に頼朝のもとを往復した院庁官中原康貞の弟である。この関係から、範頼が後白河院政の中枢と連絡のとれる人脈を持っていることは確かである。範頼の謙虚さは、頼朝の警戒心を刺激しないための処世術と考えるべきであろう。

義経は、九条院雑仕常盤を母とし、平治の乱後は僧籍に入ることで一命を助けられた。しかし、『平治物語』は、摂津源氏深栖頼重の下総国下河辺庄の高野（現埼玉県杉戸町）への下向に同行し、そこから分かれて奥州の藤原秀衡の元に向かったと伝えている。八条院を後ろ盾に持つ源頼政の一族に狼藉を加える人はいないであろうから、義経の東下りは下河辺庄まで安全である。深栖頼重の館からは、頼政の家人下河辺氏と頼朝の乳母寒河尼の嫁ぎ先である小山氏の勢力圏を通過して奥州に入るので、義経の奥州下向に危険はほとんどないといえる。秀衡は義経の武将としての才覚を認めて保護したが、義経が兄頼朝の陣営に加わる意思を示したことで、家人の佐藤継信・忠信兄弟を鎌倉行きに同行させた。

範頼も義経も、それぞれに高倉範季・藤原秀衡といった無視することのできない縁者を持っていた。このことが、頼朝と範頼・義経との関係を複雑なものとしていく。

木曽義仲追討

元暦元年正月二十日、範頼と義経は頼朝代官として木曽義仲の追討に成功した。この合戦で範頼率いる大手三万五千騎は、今井兼平が八百騎で守る瀬田を攻め、義経率いる搦手二万五千騎は志太義広・根井行親が守りを固める宇治を攻めた。この日の合戦は、宇治川渡河を強行した義経の手勢の佐々木高綱・梶原景季の先陣争いが、合戦の華として『平家物語』で語られている。大手の範頼は、稲毛重成・榛谷重朝の軍勢が迂回して田上の供御瀬を渡り、側面を突いたので、今井兼平を退却に追い込んでいる。範頼は、数で圧倒する正攻法で手堅く勝ったといえる。

頼朝は、年貢の納入が滞って食糧不足に陥っている京都に大軍を入れた義仲の轍を踏まず、範頼の軍勢を京都に進撃させずに義仲軍の敗走路と予想される近江国に展開させた。一方で、義経が率いる搦手の軍勢は宇治から一気に京都を突いて義仲本隊を敗走させた。頼朝は、後鳥羽天皇・高倉範季とつながりの深い範頼が遠征軍の総大将として京都に入れば、後白河に籠絡される危険性が高いと警戒したのであろう。戦いは読みどおりに展開し、京都を守れなかった義仲は東に向かって落ちる途中で範頼本隊と遭遇、粟津の松原（大津市）で討たれた。京都に入って後白河を保護する重要な役目を義経に譲ったところに、頼朝と範頼との微妙な関係が垣間見えるであろう。ここで範頼が不満を漏らさないのは、自分の危険な立場を十分に承知していたためと考えてよい。

一ノ谷合戦

二月七日、義経の鵯越（ひよどりごえ）の逆落として有名な一ノ谷（いちのたに）合戦が起きた。この合戦は、後白河の老獪（ろうかい）な政治手腕が勝敗を分けた政治色の強い合戦であった。

平氏一門は、義仲と和談を進める中で平和的に軍勢を進め、その先陣は丹波国まで入っていた。そこで、事情を知らない義仲の小部隊と小競り合いが起こり、調整が長引いている間に、義仲が滅亡してしまった。平氏一門は義仲と頼朝が全面衝突したのをみて、正月二十六日に安徳（あんとく）天皇の福原遷幸を行った。延慶（えんきょう）本『平家物語』は、この頃の平氏の軍勢を十万騎と記している。

後白河は、福原京まで再進出した平氏一門に対し、二月八日に和談の使者を送ると通達した。一方で、頼朝代官に対して平氏追討を命じたので、範頼は五万六千騎を率いて摂津国を経て播磨路を進んで福原に出た。義経の搦手一万騎は丹波国を経て福原京を山側から攻める位置に着いた。平氏一門は二月八日に和平の使者が到着すると通告されていたので、接近してくる範頼の軍勢を攻撃することを差し控えた。この員数は軍記物語によるものなので、実数は不明である。騎馬武者一騎に対して、随伴する歩兵が二人、替えの軍馬まで用意するとなると、数倍の人員と糧食が必要となる。福原は港湾都市として物資を集積する機能を持つとはいえ、平氏の大軍を維持し、かつ進撃してくる源氏の軍勢の徴発に堪える集積能力があったのかは疑問である。

範頼の軍勢は、二月六日酉刻に生田口に到着し、七日卯刻に攻撃を開始した。義経の軍勢は、二月六日丑刻（寅刻から七日になる）に三草山に陣取る平資盛（すけもり）以下七千騎に夜討ちをかけて攻め落とし、義経は自ら七千騎を率いて鵯越に向かい、土肥実平（どひさねひら）に三千騎に預けて播磨路の渚から福原に向かわせたと伝える。しかし、『平家物語』の記述にはいくつかの課題がある。

平家の布陣をみると、一ノ谷の城郭はいざという時の詰めの城であろう。当時の城郭の規模から考えて、一ノ谷に置かれた本営を守るために築かれた陣地が城郭で、十万騎を称する平氏の軍勢を収容する臨時の防御施設が外周に築かれ、それぞれの防御施設の入口が生田口・鵯越口・一ノ谷口とよばれる木戸口だったのであろう。

平知盛が率いる主力は生田口に展開して源範頼率いる源氏の主力と正面から激突し、「白旗赤旗色を交え、闘戦躰を成す」（『吾妻鏡』）という混戦となった。源氏方は数で劣るため、範頼の本隊は苦戦を強いられることになった。

勝敗を決した搦手の攻撃であるが、『平家物語』は義経の本隊が六甲山の西南端鉢伏から奇襲をかけたと伝える。『玉葉』は多田行綱の軍勢が山手口を突破したと伝える。摂津源氏の多田行綱と幕府との関係は不明であるが、一ノ谷合戦が朝廷の命による追討という国家事業であることを考えれば、この軍勢を範頼・義経を総大将とした鎌倉殿頼朝の軍勢だけに限定して考える必要はないだろう。後白河の意向によって加えられた京の武者を含むと考えれば、幕府の歴史を記した『吾妻鏡』に御家人でない多田行綱が記されないことの説明はつく。一ノ谷の城郭を落とした軍勢が義経か行綱かは明らかでないが、義経が分遣した土肥実平もまた西木戸を守る平忠度の軍勢を破って浜への進出をはたした。

一ノ谷合戦の主攻は、生田口から攻めた範頼である。長門本『平家物語』は生田口の副将軍平重衡の軍勢が崩れていく様子を、「国々のかり武者なれ共、とりあつめて、三千余騎はかりにやありけん、城内やふれにけれは、みなかけへたてられ、四方へおちうせぬ、すこしもはちをしり、名をおしむ程の者は、みなうたれにけり」と記している。重衡の軍勢が西国の国侍を集めた駆武者（かりむしゃ）の集団であったこと、一ノ谷の城郭が破れて浮き足立った所を範頼勢の騎馬武者に攻め込まれ、駆武者が諸方に逃げ散ったことが記されている。この短い文章に、十万を豪語した平氏の軍勢が寄せ集めの大軍であり、一度崩れると脆かった理由が凝縮されている。一方で、多くの武者が脱出できたのは、攻める源氏方の方が軍勢が少なく、十分な包囲ができなかったためであろう。平氏の一門や名のある家人がこの合戦で多く討たれたのは、彼らが安徳天皇と合流すべく浜に退いたためである。浜には義経・多田行綱・土肥実平が率いる搦手の軍勢が進出していたので、安徳天皇の御座船を囲む軍船に乗ろうと退がってきた人々は、範頼率いる大手の軍勢と、浜で待ち構える搦手の軍勢に挟まれることになった。

三種の神器と平氏の追討

一ノ谷合戦で平氏一門に圧勝した後、後白河は政治的な交渉によって事態の収拾を図ろうとした。後鳥羽天皇を践祚させた後白河としては、安徳天皇を正式に退位させたいところである。しかし、平氏一門が安徳天皇を擁して三種の神器を所持している以上は、首都から追い落とされても、平氏一門が主張する正統性を否定することができなかった。この事態を解消するためには、安徳天皇に京都帰還を求め、三種の神器を後鳥羽天皇に譲る禅譲の儀が必要であった。後白河と頼朝は、この課題を達成するためにさまざまな方策を尽くすことになる。

元暦元年二月、頼朝は院近臣高階泰経を通じて、畿内近国の弓矢に携わる住民（武者に限定しない）を義経の指揮下に入れて平氏追討に進発させるべきことを後白河に提案した。しかし、後白河は平宗盛との間で三種の神器返還の交渉に入っていたので、頼朝の提案を退けた。そこで、義経は軍勢を率いて京都に駐留することになり、洛中警固から平氏残党の掃討までさまざまな仕事を一手に引き受けることになった。一方、範頼は上洛戦の途中で配下の御家人と諍いを起こしたとして頼朝の咎めを受け、鎌倉に戻されていた。九条兼実が聞いた後白河と宗盛との交渉は次のとおりである。

（前略）九朗（義経）、平氏追討がため、来月一日西国に向かうべきの由議有り、而るに忽ち延引と云々、何故を知らず、或人云く、重衡内大臣（宗盛）の許に遣わす所の使者、この両三日帰参、大臣申して云く、畏み承り了んぬ、三ケ宝物并びに主上（安徳）・女院（建礼門院）・八条殿（平時子）は仰せの如く上洛せしむべし、宗盛に於いては参入にあたわず、讃岐国を賜りて安堵すべし、御共等は清宗を上洛せしむべしと云々、この事実たらば、もしくはこれによって追討猶予有るか、

（『玉葉』元暦元年二月二十九日条）

図８　安徳天皇像（京都府・泉涌寺所蔵）

この交渉から、後白河院は安徳天皇が旧主

として帰洛することと、三種の神器の返還を最優先にしていたことがわかる。宗盛に対して讃岐を知行国として認めることは、平氏一門の朝敵解除が前提となっていることを示している。天皇家の分裂を解消することが、平氏追討よりも優先されていたことがわかる。しかし、義経の意識の中では平氏追討、すなわち復讐が最優先であった。義経の悲劇の重要な伏線がここにある。

平氏追討は先送りされたものの、頼朝は勢力圏の拡大を忘れなかった。梶原景時・土肥実平を惣追捕使に任命し、播磨・美作・備前・備中・備後五ヵ国の治安回復を命じたのである。この命令を実行すれば、この五ヵ国の平氏の残存勢力を掃討し、鎌倉幕府の勢力圏に組み込むことができる。義仲の平氏追討が山陽道で平氏一門とその与党を相手とした合戦に終始したことと比較すると、頼朝の戦い方は勢力圏の拡大を図ることを目的とした組織的な戦争であることがわかる。

範頼と義経の微妙な関係

元暦元年六月五日、頼朝は三河・駿河・武蔵の三ヵ国を知行国に給わり、範頼・源広綱・平賀義信の三人を国守に推薦した。範頼は頼朝の弟で、義仲追討・一ノ谷合戦大手の総大将として功績をあげた。源広綱は、摂津源氏の惣領頼政の子である。頼朝が頼政の子を推挙したのは、大内守護として公家社会に深く根付いた摂津源氏に代わり、河内源氏が武家源氏を代表する存在になったことを示すものであった。平賀義信は、平治の乱をともに戦った盟友で、信濃国佐久郡を本拠地に持ちながら義仲に与せず、頼朝の腹心として活動した。後に、義信は頼朝の嫡子頼家の後見となり、源家一門の筆頭格に位置づけられることになる。

七月八日、範頼を総大将とした西国(さいごく)遠征軍が鎌倉を進発した。この軍勢は鎌倉を一千余騎で進発したが、御家人(ごけにん)・国侍(くにざむらい)・弓馬に堪える者が道々で加わっていくことで、軍勢は雪だるま式に膨らんでいくことが予想された。

八月十七日、頼朝と義経の関係を険悪化させる使者が京都から到着した。八月六日、義経が左衛門少尉(さえもんのしょうじょう)に任官し、検非違使(けびいし)少尉を兼務したというのである。後白河の仰せを断り切れなかったという義経の弁明もついていた。しかし、この任官は頼朝の警戒心を強く刺激することになった。頼朝は後白河が人事権を駆使して、京都に派遣した軍勢を取り込むことを最も恐れていたのである。後白河は、義仲入洛の勲功を第一頼朝・第二義仲・第三行家とし、義仲の功績を相対的に低くした。そのうえで、義仲と行家を離間し、義仲とともに入京した源氏の人々に官位を授けて京の武者に取り込んでいった。これは、後白河が朝廷の人事権を握っていることで、仕掛けられる政略であった。頼朝は、同じ手段で鎌倉幕府の組織が掻き乱されることを恐れていた。

ところが、義経は一ノ谷合戦で大功を立てたと考えるがゆえに、範頼が先に国守に補任（ぶにん）されたことを不満に思っていた。この隙を突いて、後白河が籠絡にかかったことに全然気づかないところに、義経の政治的な判断力の限界がある。頼朝と義経との関係にヒビが入ったのをみた範頼は、文治元年（一一八五）四月に三河守の辞表を提出した。

頼朝は、範頼・義経を平氏追討の代官として派遣したので、平氏追討という事業そのものは頼朝の管理下に置かれていると考えていた。それゆえ、平氏追討の勲功賞も頼朝が総責任者として差配すべきものであるとして、後白河との話し合いを行った。にもかかわらず、義経は頼朝の意向を確認せずに独断で検非違使少尉を拝任した。これは頼朝が考える交渉の枠組みからの逸脱であり、義経が後白河と手を組もうとしていると疑われても仕方のないことであった。義経の危うさが早くも、表面化してきたのである。

範頼の遠征

元暦元年八月二十九日、頼朝の代官として京都に入った範頼は朝廷から追討官符を賜り、九月一日には山陽道に軍勢を進めた。同月十四日、洛中の警固にあたる義経の正室となるべく、河越重頼（かわごえしげより）の娘が上洛した。この女性は頼朝が敬愛した乳母比企尼（ひきのあま）の孫娘で、重頼は家子二人・郎党三十数人を伴わせたという。身ひとつで奥州の藤原秀衡のもとに逃げ込んだ義経には、秀衡が附けた佐藤継信・忠信兄弟、源義朝の乳母子鎌田政家の子光政・盛政や、義仲の上洛戦に加わって在京した越前斎藤氏の斎藤友実(ともざね)など家人と見なされる武者は数える程しかいない。頼朝が権力の基盤とした南関東の有力豪族とのつながりは希薄であり、河越重頼が正室に附けた郎党たちは義経と坂東(ばんどう)の有力御家人を結びつきを深める橋渡しとなる人材であったはずである。しかし、義経は河越氏の家臣たちを重く用いようとはしなかった。義経は、頼朝が鎌倉幕府の中で孤立しないように示した気配りを無にしたともいえる。

図9　源範頼像（神奈川県・大寧寺所蔵、神奈川県立金沢文庫提供）

範頼の遠征軍は、飢饉に苦しむ西国を進んだため、多くの問題を抱え込んだ。十一月十四日付の範頼の書状は、船がなくて合戦の方策に苦労していること、兵粮が不足してきていることなど窮状を訴えている。頼朝は、豊後国は軍船が他国に出ていれば攻略が難しくないであろうこと、四国は九州から攻めるべきこと、東国の軍船は来年二月十日頃に出航することを伝えている。ここでは、先に九州を攻略し、九州で陣容を整えてから四国を攻めるようにという頼朝の基本戦略が伝えられている。

範頼の軍勢は備前国室津に着き、児島に城郭を構えた平行盛（ゆきもり）・飛驒守景家の軍勢と海を隔てて向かい合うことになった。十二月七日の合戦では佐々木盛綱が馬で藤戸を渡海して先陣を切ったのを見た源氏の諸将が、続々と渡海したことで、遠征軍は平行盛の軍勢を数で圧倒することができた。しかし、馬では軍船で進退する行盛の軍勢を追撃できず、水軍をもたない遠征軍の弱点を露呈する戦いとなった。

元暦二年（一一八五）正月十二日、範頼の軍勢は周防国の赤間関に到着したが、兵粮は底を尽き、船もないため、これ以上進めない状態になった。この時代の遠征は、移動を続けていれば道々で食料・飼葉（かいば）を調達できるが、一箇所に留まってしまうと調達の可能な周辺地域の食料を食い尽くした時点で飢餓に襲われることになる。この危機的な状況に、侍所別当和田義盛までが帰国を訴えるようになった。遠征軍が飢餓の危機に瀕している時、範頼は渡海して豊後国の臼杵惟隆・緒方惟栄兄弟と博多を攻める打ち合わせを行った。範頼は臼杵・緒方一族の合意をとりつけ、豊後国の軍船八十二艘が範頼の陣営に加わったことで、周防国の豪族宇佐那木遠隆も兵粮米を献上してきた。これで一息ついた範頼の遠征軍は正月二十六日に豊後国に渡り、二月一日には遠賀川の河口となる蘆屋浦合戦で太宰少弐原田種直の軍勢を破っている。しかし、知盛の知行国であった長門国は目代紀民部大夫光季（紀伊刑部大夫道資）がよく守り、源氏の軍勢の進入を許さなかった。長門国を攻めあぐねたことで、範頼は博多から周防国に戻って態勢の立て直しに務めた。範頼は知盛が守りを固める彦島を攻められず、再びにらみ合いの状況に陥ることになった。

源義経の表面的な成功

範頼が山陽道から北九州に広がっていた平氏の勢力圏を制圧したことで、頼朝は第二の遠征軍を編成し、義経に平氏の本拠地である讃岐国屋島を攻めることを命じた。義経は、二月十六日に京都を出発した。摂津国渡辺津から阿波国に渡ろうとしたが、嵐で軍船が破損したため、義経はわずか五艘の軍船に百騎ばかりの軍勢を引き連れて渡海することになった。この軍勢は翌十七日には阿波国に上陸し、地元の豪族近藤親家を味方につけて阿波民部重能の弟桜間介良遠の館を攻め落とし、十九日には屋島内裏を奇襲した。平氏方は、兵粮不足ゆえに所々の湊に軍勢を分散させていたうえに、伊予国の河野通信を討つために粟田教能（あわたののりよし）が三千騎を率いて出陣していたため、屋島の守りが手薄になっていた。それでも、屋島内裏には千余騎の軍勢がいたが、義経の軍勢が小勢であることを見抜けず、虚を突かれて浜の軍船に退却した。

梶原景時が渡辺津に残された御家人たちを率いて屋島に到着したのは、二十二日のことであった。景時が義経を一軍の将として認めないのは、頼朝代官という立場を忘れた行動の尻ぬぐいをさせられたためといえる。義経は、奇襲戦となった一ノ谷合戦・屋島合戦で、佐藤継信、鎌田盛政・光政といった数少ない名のある家人を討たれている。義経はまだ、この損失の意味するものに気づいていなかった。

義経と景時の確執は、屋島合戦の前に摂津国渡辺津から阿波国に渡る際に起きた逆櫓（さかろ）の争論と、壇ノ浦（だんのうら）合戦を前にした先陣争いが『平家物語』で知られている。逆櫓は、海戦に慣れない源氏の軍船に逆櫓を付けて操船を容易にしようという提案である。景時の提案は、技術で劣る分を船の性能で補おうというものである。壇ノ浦合戦の前の先陣争いも、自らが先陣をつとめると主張する義経に対し、屋島合戦で冷飯を食わされた御家人たちに先陣を譲るべきだという主張であった。合戦に勝つことに執着する義経と、遠征軍の運営を優先する景時の考え方の違いが表面化したものであった。頼朝の意向は、後者にある。

壇ノ浦海戦は、先陣の山鹿秀遠の巧みな指揮によって平氏が序盤戦を優勢に進めたものの、第二陣の粟田重能率いる四国の軍船が源氏方に寝返って背後に回ったことで、平氏の軍勢は前面に義経の水軍、背後に粟田重能の四国の水軍、海辺に範頼の軍勢と囲まれ、逃げ場を失う状態に陥った。義経の命令により、船戦の掟に疎い源氏方の人々は軍船を漕ぐ水主梶取(かこかんどり)を次々と射落として平氏方の軍船を動けないようにした。源氏方の軍船は、動けない軍船を囲んで次々と平氏の軍勢を討ち取っていった。味方が壊滅していく様子をみた知盛は、一門の人々に「侍たちに時を稼がせて急いで自害せよ。敵に討ち取られて不名誉な名前を残さないようにと」と使いを走らせた。敗北の合図であった。

同じ頃、二位尼時子(にいのあまときこ)も敗北を認め、安徳天皇を抱いて宝剣を帯び、神璽(しんじ)の箱を抱えて入水(じゅすい)したと伝える。この時には源氏の軍船が安徳天皇の御座船の側まで迫っていたので、神璽の箱は浮かび上がってきたところを常陸国御家人片岡経春にすくい上げられた。二位尼の入水をみた後、平重衡の妻大納言典侍は八咫鏡(やたのかがみ)を納めた唐櫃を抱いて入水しようとしたが、袴の裾を射られて動けなくなった。唐櫃は入水に失敗した大納言典侍から引き継いだ平時忠の手を経て、義経に引き渡されている。このような経緯で、三種(さんしゅ)の神器(じんぎ)のうちのふたつは確保されたが、天叢雲剣（あまのむらくものつるぎ）は安徳天皇とともに海中に没した。

義経は、平氏追討を完遂したことを高く評価されたが、安徳天皇と三種の神器の帰還という後白河と頼朝が目指した第一の目標は達成できなかった。純粋に軍事的目標を追求した義経と、後鳥羽天皇の正統性の確立が第一の政治目標とであることを知る範頼の違いがここにあらわれる。頼朝が義経よりも範頼を信頼するのは、後白河院政との関係を脇でみながら、頼朝の意図に沿った動きをとれたためと考えてよいだろう。

協調から対立へ

平氏一門を滅ぼしたことで、源頼朝と後白河院政との関係は新たな段階に移ることになった。後白河の最大の政治課題は、政治を内乱以前の状態に戻すことであった。一方、頼朝は、平氏追討の達成によって国家が平時体制に移行する中で、治承・寿永の内乱で獲得した戦時の非常大権をいかにその中に位置づけるかを最大の課題とした。

源義経の孤立

この両者の駆け引きに翻弄され、暴発して潰されたのが義経である。義経は平氏追討で大功をたてたが、頼朝の政治目的を理解せず、暴走の結果、切り捨てられることになるのである。

ここでは、義経の犯した失敗は訂正すれば問題のないものか、幕府を揺るがす可能性を持つものだったのかは考える必要がある。

義経は頼朝の代官として遠征軍を指揮したが、義経の手に属した御家人(ごけにん)たちは武者の名誉と誇ることのできない合戦をしてしまったという不満を持つことになった。頼朝の遠征軍が一ノ谷・屋島(やしま)・壇ノ浦(だんのうら)と勝ち続けたのは事実であるが、義経の指揮下で戦った御家人たちがどのように考えたかをみてみよう。一ノ谷では土肥実平(どひさねひら)を大将とした別働隊が組織され、彼らは迂回行動をとって西の木戸で合戦することになった。屋島の戦いでは、大多数の御家人が渡辺津に置き去りにされたので、増援として登場する役を背負わされた。壇ノ浦では平氏水軍の精鋭の矢面にたたされて防御を強いられる苦しい戦いの末、水主梶取(かこかんどり)を射落として相手の軍船の動きを止めてようやくという勝利となった。晴れ舞台ともいうべき大きな合戦であるにもかかわらず、家の名誉として語れないきわどい戦いをさせられたのである。そのなだめ役に回ったのが梶原景時(かじわらかげとき)であるから、義経の配下につけられた御家人も景時も、義経に対する不満を鬱積させていたと考えてよい。地味ではあるが、範頼は武家の名誉と道理に叶った合戦を展開し、幕府の宿老(しゅくろう)の地位についていった。

義経が頼朝の許可を得ずに任官したのをみた御家人たちは、遠征軍に参加するための行

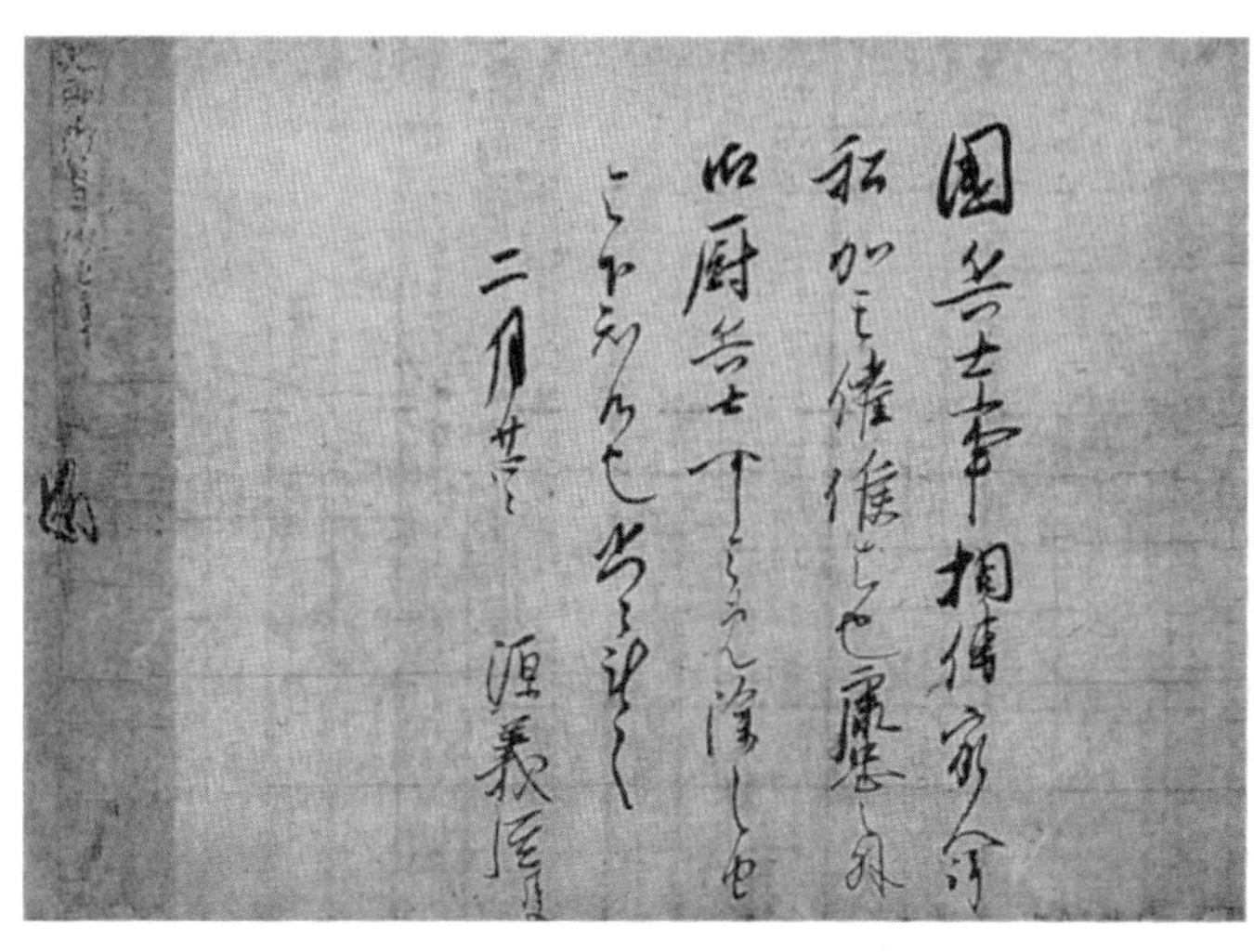

図10　源義経請文（『水走文書』、個人所蔵）

き帰りに京都で続々と任官した。これは、義仲の蹉跌をみている頼朝の神経を逆撫でする行為であった。文治元年（一一八五）四月十五日、頼朝は許可なく京都で任官した者が墨俣川以東に下ることを禁じると通達した。ここには、頼朝と後白河との間の意識のズレをみることができる。後白河は、平氏追討が朝廷の軍事行動であり、勲功賞を決定する人事権は朝廷が有すると考えていた。義仲に対してそのように振舞ったのだから、頼朝に対しても同様に臨んでくるであろう。範頼・義経を惣大将とした追討使の軍勢には御家人以外の人々も加わっていたので、後白河院からみれば、追討に加わった人への恩賞の中に頼朝の家人が混じっていたということになる。しかし、頼朝からみれば、西国に派遣した遠征軍は頼朝の軍勢である。京都で合流した多田行綱のような京の武者や、追討使の配下に入った国衙の国侍は別として、頼朝の一門や家人(けにん)については頼朝の判断で推薦者を決定すると考えていた。頼朝が一番恐れたのは、後白河から官位を授かり朝官に登用され、御家人として組織した武者たちが後白河に従う京の武者に引き抜かれることであった。頼朝は、義仲の轍(てつ)を踏みたくないのだが、代官に任命した弟義経がこの問題を理解していないことに頭を痛めていた。頼朝の判断ミスは、京都の政界を知るがゆえに自制の効く範頼を朝廷から遠ざけ、京都の政界に対して意識の低い義経に洛中の治安回復を託したことであろう。義経は京都で重い責任を負えば負うほど後白河の術中に陥らないよう警戒しなければならない立場にあったが、その点については無防備に近かった。義経の立場が危うくなったことを察知した範頼は、四月二十四日に三河守の辞表を提出した。彼の右筆(ゆうひつ)は史大夫(しだいぶ)中原重能(なかはらしげよし)、国務を執れないわけはないのにである。

みせかけの内乱の始まり

文治元年四月二十一日、義経を告発する梶原景時の弾劾書(だんがいしょ)が鎌倉に届いた。景時は、義経が頼朝代官という立場を忘れて平氏追討を自分の功績と誇っていること、義経の配下となった御家人は己の立場を忘れた義経の言動に不安を隠せないでいること、自身は頼朝の意向を考えて諫言をしたために義経と険悪になっていることを伝え、合戦も無事に終わったのだから早く鎌倉に戻りたいという希望を伝えてきた。

四月二十九日、頼朝は伊豆国御家人田代信綱に対し、義経は頼朝代官として西国(さいごく)に派遣したのに鎌倉殿の御家人を自分の家人のように使っていると批判したうえで、頼朝に忠義を尽くそうと思う者は義経の指示に従わないように勧告した。事実上の指揮権剥奪である。

義経はここで初めて頼朝を憤らせたことに慌て、弁明の使者を鎌倉に送った。五月十五日、義経は平宗盛(むねもり)父子を伴って鎌倉に到着したが、頼朝は義経の鎌倉入りを許さず、宗盛父子の身柄のみを受け取った。義経は、頼朝の信頼を失ったことを悟らされたのである。

六月十三日、頼朝は義経が恩賞として給わった平家没官領(もつかんりょう)二十四ヵ所を没収した。同じ頃、頼朝は中原久経と近藤国平を鎌倉殿御使として京都に派遣し、後白河の院宣(いんぜん)を受けて畿内近国の土民訴訟を処理させた。これは、義経が京都で行ってきた職務の一部であった。七月十二日、頼朝は中原久経と近藤国平を鎮西(ちんぜい)に派遣し、壇ノ浦合戦後も鎮西に留まって治安回復にあたっていた範頼と交代させた。

鎌倉殿頼朝の力が全国に及んでいく様子をみて、頼朝と袂を分かって木曽義仲(よしなか)につき、義仲滅亡後は京の武者として地位を保ってきた源行家（ゆきいえ）が挙兵へと追い詰められていった。頼朝と幾度となく衝突してきた行家は、頼朝が自分に逆らう者を許さない孤独な帝王であることを知っていたのであろう。頼朝は、京都に駐留する近江国守護佐々木定綱（ささきさだつな）に対し、行家追討を命じた。これは、圧倒的な強者である頼朝に対する弱者のはかない抵抗にすぎなかったが、行家が叛意を示したことによって内乱の状態が再現されたのである。

義経謀叛

文治元年八月十六日、頼朝と義経との関係を決裂させることになる除目（じもく）が行われた。この除目の微妙なところは、伊予守の任命権は天皇にあるが、それを代行する後白河が人事権を掌握している点である。一方で、伊予国は頼朝が給わった知行国なので、頼朝が伊予守を推挙する権利を持っている。文治元年四月の時点で、頼朝は伊予守に義経を推挙した。その後、頼朝と義経との関係は険悪となったが、頼朝は迷いながらも撤回せず、最終判断を後白河に一任した。後白河は頼朝が次の候補を示さないのでそのまま手続きを進め、義経の伊予守補任（ぶにん）が実現した。最終的な判断を勅定（ちょくじょう）に委ねたところに、頼朝の立場の弱さがある。文治の頃に頼朝が過敏なまでに御家人の任官問題に反応を示したのは、後白河が官職補任や叙位といった人事権を掌握しているので、人事権を駆使して幕府をかき乱すことを恐れたためである。

この除目の後、頼朝は梶原景季を上洛させ、義経に対して行家誅殺を命じた。義経の出方をみる試金石であったが、思惑どおりに義経は仮病を装って行家誅殺を引き延ばした。そこで、頼朝は義経と行家が一味であると判断し、義経誅殺のために興福寺堂衆から御家人に加わった土佐房昌俊を上洛させた。昌俊はこの命令で死を覚悟し、老母・子供・門徒が生きていくための保障を求めた。そこで、頼朝は下野国中泉庄を所領として与えている。

鎌倉の動きを知った義経は、後白河に対して頼朝追討の官符を申請したが、後白河は自重を求めた。十月十七日、昌俊が義経の屋敷を襲撃して失敗した。頼朝の側からの先制攻撃によって後白河は義経の申請を断り切れなくなり、翌十八日には頼朝追討の官符が出されることになった。これによって、頼朝と義経・行家の決裂は決定的なものとなり、追討官符を出したことで後白河もまた言い逃れの出来ない立場に追い込まれた。

十一月二日、義経は西海に下って軍勢を集めようとして、斎藤判官友実を使者として庄四郎高家の所に派遣した。しかし、高家は同心を偽って友実の話を聞いたうえで殺害した。斎藤友実も庄高家もともに義仲の与党であったが、義経が京都に駐留した時に家人に加えていた。義経は独自の勢力を形成していなかったので、頼朝と袂を分かった時から組織した家人も解体し始めたのである。義経の軍勢は摂津国で多田行綱と合戦となり、四散してしまった。

その後、高倉範資は在京する範頼の郎党を率いて、大物浦（だいもつ）で渡海しようとした義経・行家を捕らえようとした。頼朝が、範頼と高倉家の親密さを警戒するのに十分な動きがここに示された。高倉範季は子供が独断で行ったことで自分は知らないと弁明した。この一件を聞いた京都の人々は、範頼は疑念を持たれて鎌倉に留め置かれたかと噂した。

文治の守護地頭から廟堂粛清へ

頼朝は後白河との対決を覚悟すると、大蔵卿高階泰経（たかしなのやすつね）が状況説明のために鎌倉に派遣した使者と対面し、今までの頼朝の功績を考えず、義経に迫られてたやすく追討宣旨（せんじ）を出した後白河を「日本一の大天狗」と面前で痛罵した。これは、頼朝の憤りが正当なものであり、後白河の側に理不尽な所行のあることを、御家人たちに示すための演出であった。「日本一の大天狗」は、わかりやすいキャッチ・コピーである。

義仲の本拠地信濃・上野の国衙在庁指揮権を頼朝に与えた寿永二年十月宣旨が出された時、義仲は憤りを腹におさめることができずに法住寺を襲撃し、合戦におよんだ。前後の経緯から義仲が憤るのは当然なのであるが、北陸道や畿内の武士たちは後白河を敵に回すのを恐れ、法住寺合戦に勝った義仲を見限ってしまった。義仲の失敗を考えれば、後白河と対決する前に、悪いのは後白河の方だと御家人たちに納得させることは重要な手順といえる。

頼朝が義経追討のために上洛させた軍勢は十一月五日に入京し、京都の治安回復にあたった。二十四日には北条時政が入京し、義経追捕（ついぶ）と京都の政局に関する話し合いが始められた。頼朝にとって最大の課題は、平氏追討のために与えられた戦時下の権限を平時体制への移行の中にいかに組み込むかであり、謀叛人義経・行家の追捕は戦時体制継続を主張するためのいい口実となった。

時政が預かった案件は、大きく分けてふたつある。ひとつは、義経・行家の謀叛に協力した朝廷の関係者の処分、もうひとつは寿永二年十月宣旨以後に獲得した権限を平時体制への移行の中でどのように認定するかである。前者は、頼朝が義経与党として糾弾した人々の処分を朝廷に奏上した文治元年十二月の廟堂粛清とよばれる事件となり、後者は文治の守護地頭問題とよばれる政治折衝となる。

文治元年の廟堂粛清は、頼朝が義経挙兵に関与した朝廷の人々の処罰を求めた申請を十二月六日付で朝廷に送り、後白河はこの申請を拒みきれずに受け入れた一件をいう。頼朝の奏上を受けた朝廷は、摂政近衛基通の辞任、参議平親宗・大蔵卿高階泰経以下の院近臣や左衛門尉平知康以下の近習が解任され、新たに九条兼実が摂政に就任するとともに兼実の側近藤原宗頼・親経他が抜擢された。藤原道長の摂関政治を理想とする九条兼実の摂政就任は、朝廷の中に後白河院政の動きを掣肘する新たな勢力の誕生を意味した。頼朝は、九条家と協調することで後白河と対抗していく道を選んだのである。

文治の守護地頭問題は、治承・寿永の内乱で崩れた地方支配をいかに回復するかという朝廷の課題と直結した問題であった。後白河は内乱以前の状態に戻すことを望んでいたが、頼朝は内乱の中で御家人として組織した人々を保護し、かつ戦功に対する恩賞を授けなければならなかった。そのためには、鎌倉殿を新たな権門として中世国家の中に位置づけ、権門に相応しい富と権力を確保する必要があった。両者の駆け引きは、文治元年十一月に北条時政上洛で提案された第一案から建久元年の頼朝上洛で出される天下泰平の宣言にいたる五年間の交渉と文治五年の奥州合戦で奥州藤原氏を滅したことで決着をみることになる。要点を整理すると、次のようになる。

第一に、平安時代に非常置の官として設けられた惣追捕使を幕府の役職守護として常置の職とすることである。惣追捕使は国家に対する謀叛や国衙の権威を失墜させる大規模な争乱が起こると任命される臨時の職で、国衙を指揮下に置いて、管国の在庁・国侍（くにざむらい）・地方豪族を率いて治安回復を行う任務を帯びた。治承・寿永の内乱で頼朝の勢力が西に伸びると、頼朝は義仲や平氏一門から取り返した国々の惣追捕使に大内惟義・梶原景時・土肥実平などを任命していった。惣追捕使は臨時の職であることから、朝廷が天下泰平を宣言して平時体制に切り替えると、権限を返上して廃止されることになった。謀叛人義経追捕という戦時体制継続の名目を得たことで、頼朝はこの権限を国地頭（くにじとう）とよばれる役職に切り替えようとした。国地頭は惣追捕使をそのまま引き継いだ役職で、一国単位の軍事・警察権を掌握し、義経与党の追捕にあたる軍勢を動かし、公領荘園に踏み込んでいった。その間の兵粮米徴発をはじめとした強権発動は、平氏追討の終了で平和な時代に戻ることを願い、「文治」の年号を定めた京都の政権の神経を逆なでした。後白河院側は国地頭の濫妨狼藉と越権行為を次々と訴えたので、国地頭は廃止され、権限を縮小された守護職へと切り替えられることになる。平氏追討の戦いの中で獲得した戦時下の権限を縮小させた平時の権限として守護に残されたものが、大犯三箇条（たいぼんさんかじょう）とよばれる大番催促と謀叛人・殺害人追捕を基本とした権限であった。守護には、国衙の有力在庁が守護職に横滑りした自然恩沢（じねんおんたく）の守護と、治承・寿永の内乱の中で新たに勢力圏に組み込んだ地域の守護の二系統がある。前者は守護が平安時代から帯びていた役職（既得権）に守護の権限を加えたものとなり、後者は前任者の役職（滅ぼされた平氏与党の持っていた権限）に守護の権限を加えたものとなる。守護を幕府の職として認定し、おおよその権限を合意したのは文治二年六月頃である。その際、頼朝は日本国惣追捕使として軍事に関する権限を掌握し、惣追捕使の権限のもとに諸国の守護を補任していった。忘れてならないのは、守護は幕府の職として御家人に軍勢催促を行って軍勢を編成するが、国衙軍は朝廷の指揮下に留まるので守護に指揮権のないことである。元久元年の三日平氏の乱では、京都守護平賀朝雅は後鳥羽院からも伊賀国惣追捕使に補任されて出陣し、幕府の御家人と伊賀国国衙を指揮下に置いて戦った。承久の乱では、美濃国目代が京方として軍勢を集めて出陣している。承久の乱まで、地方の軍制は朝廷の管轄下にある国衙が編成する国衙軍と幕府の守護が編成する軍勢の二本立てが残っていたのである。

次に守護職新設とならぶ課題となる荘郷地頭職の制度は、複雑な様相を呈した。地頭には、第一に御家人が挙兵以前から持っていた国衙・荘園の職を幕府が地頭職として再認定した本補地頭がある。これは、御家人が持つ既得権を幕府の職として保護するものであった。次に、幕府が没収した平氏一門や義仲与党の旧領の中から、恩賞として御家人に分配したものがある。新たに給わった地頭職は、地頭職が役職給として持つ得分と旧領主の得分を合算した形で新領主に与えられた。これらの公領荘園の単位で補任された地頭は、朝廷と幕府との交渉の中で廃止された国地頭と区別するため、荘郷地頭とよばれる。幕府は、治承・寿永の内乱を勝ち残ったことで、膨大な所領を恩賞として獲得した。しかし、文治二年以後、幕府はこれらの所領の経営をめぐる訴訟を、京都の公家政権や権門寺院から数百件単位で断続的に送られるという困難な事態に陥ることになった。幕府の御家人たちは勝者の気分で、西国の所領に乗り込んでいって領家や地元の小領主や住民と諍(いさか)いをおこした。後進地帯の領主が先進地帯の所領を給わって乗り込んでいくのであるから、荘園を運営する際の制度や慣習の違いからおこる諍いや、問題が発生した場合の解決法を実力行使に委ねる荒っぽいやり方はさまざまな軋轢(あつれき)を引き起こしたことであろう。しかし、実力行使という強行手段に出た場合の結末の多くは、地頭職の解任や廃止であった。幕府が内乱で獲得した所領を地頭職に改めて保護しようとした事の意義は大きいが、文治二年以後に京都の諸勢力が訴訟によって地頭職を個別に廃止に追い込んでいった揺り返しも一定度の成果をあげていたことを忘れてはなるまい。

頼朝が治承・寿永の内乱で獲得した戦時下の権限は、後白河や公家・権門寺院との交渉で次々と縮小される中で、平時の体制としての守護地頭の制度へ移行していった。頼朝は日本国の治安を守る日本国惣追捕使となったことで、国ごとに守護を任命することが可能となり、日本国惣地頭として幕府が関与する公領荘園の治安を守る責務を負うことで地頭を管理することが可能になった。

頼朝の日本国惣守護・惣地頭は幕府が中世国家を構成する権門として確立した地位と権限であり、ここが朝廷の中の役職を獲得することによってつくっていた義仲以前の武家との決定的な違いであった。

源頼朝と武家源氏

関東御分国という装置

幕府が公権力として成立した後、源頼朝は鎌倉殿を武家源氏の棟梁として他の源氏たちに承認させるという隠微さを含む難しい問題に直面することになった。その主な相手は、頼朝との関係を同盟と考える独立系の勢力甲斐源氏と、河内源氏と並ぶ京の武者として振舞ってきた摂津源氏であった。一方、頼朝に対して協力的な態度をとったのが、平治の乱をともに戦った盟友平賀氏であった。この三つの家との関係を中心に、頼朝が鎌倉殿を武家源氏の棟梁としてその権威を確立していく過程をみていくことにしよう。

頼朝に合流した源氏の多くは、鳥羽院政期や平氏政権の時代に京都の政権から冷遇された人々で、頼朝が公権力の側に回る寿永二年（一一八三）まで官位を授かる機会がなかった。幕府が朝廷と協調する姿勢を示すことで官位を授かる機会が増えてくると、頼朝は鎌倉殿の一門として待遇する源氏の人々を選び、頼朝の知行国（関東御分国）の国守と従五位下の位階を推挙した。元暦元年（一一八四）六月五日には三河守源範頼・駿河守源広綱・武蔵守平賀義信の三人が従五位下叙爵と国守補任を受け、文治元年（一一八五）八月十六日には伊豆守山名義範・相模守大内惟義・上総介足利義兼・信濃守加賀美遠光・越後守安田義資・伊予守源義経の六人の叙爵と国守補任が行われた。義仲の先例から、頼朝は後白河の意向によって御家人が朝廷の官位を授かることに警戒心を解かなかった。頼朝が鎌倉殿の御家人は頼朝の推挙や許可によらない叙位任官を禁止する方針を貫く状況の中では、五位の官職と位階を持つ人々は京下りの文官や治承・寿永の内乱以前に朝廷の官職を勤めていた一部の人々に限られることになった。それは義仲とともに入京した遠江守安田義定や女院御所に出仕していた東重頼、摂津源氏の蔵人大夫源頼兼、大江広元や三善康信のような幕府の事務方を務める京下りの文官たちであった。

武田氏との軋轢

頼朝が元暦二年正月六日付けで西海道で戦う三河守範頼に送った書状の中に「甲斐の殿原の中には、いさわ殿・かかみ殿、ことにいとをしくし申させ給へく候」という文章がある。甲斐源氏の中では、石和信光と加賀美遠光は信頼することができるというのである。この二人は甲斐源氏の中でも小さな勢力で、頼朝に対して忠実であろうとしたのであろう。一方、頼朝が信頼しきれないというのは治承・寿永の内乱を家として戦い抜いた人々である。甲斐源氏は一族として強固に固まっていたのではなく、独立した家の集合体として一族を形成していた。頼朝は、武田・安田といった本流の一族を厚遇するとともに、信頼を置く加賀美遠光・石和信光を重く用いていこうとした。

甲斐源氏の武田氏・安田氏は、富士川合戦後に勢力圏に組み込んだ駿河・遠江国を頼朝から守護職として承認された。この段階では、鎌倉殿頼朝と甲斐源氏の関係は同盟なので、後日、武田氏の実効支配を守護職補任という形で形式を整えたのであろう。寿永二年、安田義定は義仲の上洛戦に呼応して軍勢を入京させた。これは、義定独自の判断である。甲斐源氏が頼朝の勢力圏に呑み込まれたのは、寿永二年十月宣旨(せんじ)によって頼朝の軍事指揮権が東海・東山両道に及んだことで、上位権力として武田氏に向かい合うようになった後のことであろう。

元暦元年六月十六日、頼朝が武田信義の嫡子一条忠頼を誅殺した理由は「威勢を振るうの余り、濫世の志を挿(さしはさ)むの由、その聞(きこえ)有り」であった。忠頼の態度に驕りがあり、頼朝の権威を蔑ろにしているというのである。鎌倉殿として統治者の地位を固めようとする頼朝と、反平氏政権の同盟軍として行動をともにする甲斐源氏の人々との間にある意識のズレが表面化してきた最初の事件といえる。しかし、この条文から誅殺にいたる正当な理由を認めることができない。誅殺を聞いた武田信義は、頼朝に対する憤りを抑えることができずに隠居し、文治二年三月九日に五十九歳で亡くなったという。駿河国守護職は、武田信義から北条時政に交替している。

安田氏と遠江国

安田義定は、木曽義仲上洛戦に参加した勲功として、寿永二年八月十六日に遠江守に補任された。頼朝は富士川合戦後に遠江国の実効支配を承認しているので、遠江国における義定の権力は大きく、安田氏は朝廷の遠江守と鎌倉幕府の遠江国守護を兼務することで、「郎党(ろうとう)は国中に満つ」という状態になった。

頼朝は、朝廷から直接に官位を授かっている義定を関東御分国の国守と同等に扱おうとしたが、彼らとの序列は常に微妙なものがあった。また、義定の官位が後白河から授かったものである限り、義定は後白河と頼朝との両属関係にある。義定は、源氏の一族として鎌倉殿に奉仕するが、一方で京の武者として洛中の警固も勤めることになる。安田氏が両属関係を続けることは、彼の命令で動く遠江国御家人もまた両方に奉仕をしていくことになった。頼朝からみると、合法的に両属関係を続ける安田氏は、独立した勢力として残る奥州の藤原氏とともに潰さなければならない存在として映っていたのであろう。鎌倉殿頼朝が幕府を整備していく中で、義定はその枠組みからはみ出した存在となっていたのであ

図11　天弓愛染明王坐像（山梨県・放光寺所蔵）
安田義定創建の放光寺に伝来する

る。

建久元年（一一九〇）、頼朝と義定の意識のズレが表面化する。義定の遠江守重任（ちょうにん）が任期満了となるのは建久二年八月である。この時期を睨んで、頼朝は文治元年八月に上総介足利義兼の任期が満了になるのを受けて、上総国と遠江国の知行国相博（そうはく）を行った。この相博により、義定は遠江守から下総守に遷任された。

朝廷もまた義経の滅亡で天下泰平を宣言し、平時の体制に戻そうとしていた時期なので、内乱の時代そのままに地方で強大な権力を残す義定は扱いにくい存在となっていた。頼朝は後白河院の内意もあると言い含め、義定に下総守遷任を納得させた。頼朝は、義定を特権的な地位を築いた遠江国から切り離し、他の関東御分国の国司と同列の存在にしようとしたのである。しかし、義定の不満を抑えることができず、建久二年三月六日には遠江守に還任（げんにん）されている。朝廷の官人（かんにん）であれば、転勤によって上位の官位に昇っていくことは喜ばしいことであるが、義定は治承四年から十年を超える実効支配を行ってきた遠江国を手放したくなかったのであろう。

頼朝の安田氏潰しは、建久四年十一月二十九日に安田義資梟首（きょうしゅ）の一件で表面化する。義資は、前日の永福寺（ようふくじ）薬師堂供養で、聴聞に来た御所の女房に艶書を投げたという。当惑した女房は艶書を握りつぶしたが、梶原景季(かじわらかげすえ)の夫人がこの一件を見とがめ、景時を通じて頼朝に報告された。頼朝は事の正否を糺し、義資を梟首にしたという。義資に対する処分は武士の名誉まで奪う厳しいものであった。『御成敗式目(ごせいばいしきもく)』をはじめとした鎌倉幕府法の密懐(みっかい)・密通の処分規定と照らし合わせても、これは重すぎる。まして、艶書の段階である。頼朝は、独立した勢力として内乱期を乗り切った安田氏を叩きたいところに吹毛(すいもう)の咎(とが)を見いだして急いだと考えるべきであろうか。この一件を聞いた義定は、頼朝に対する憤懣と悲しみを抑えることが出来ずに隠居した。頼朝は義定の態度を快く思わず、隠居を叛意の理由として建久五年八月十九日に誅殺した。頼朝は、安田氏が味方として活動する中で実力をつけたがゆえに、討伐することができなかった。一方、安田氏はそもそもが独立した勢力であるがゆえに、頼朝が創った幕府の枠組みに納まろうとはしなかった。それゆえに、頼朝からみて体制内に残る目障りな存在となってしまったのであろう。武田・安田氏といった独立系の人々が滅亡し、甲斐源氏は加賀美氏（小笠原氏）・石和氏（武田氏）といった一族が鎌倉殿に仕える諸大夫として安定することになる。

源頼兼の苦悩

宇治川合戦以後の摂津源氏は、奥州の藤原秀衡を頼って伊豆国から落ちのびた伊豆左衛門尉有綱、宇治川合戦の戦場から脱出した頼政の三男蔵人大夫頼兼、畿内に潜伏した後に源頼朝の陣営に加わった駿河守広綱の三人が中心となる。

三人のうち、大内守護を継承したのは頼兼で、頼兼は「九条院非蔵人五位」・「美乃源氏」（安元二年〈一一七六〉六月二十九日条）など、九条院の院司を務め、一族の土岐氏が本拠地とした美濃国に所領を持っていたと考えられる。美濃国では池田郡司となって土着した頼政の縁者紀氏が治承・寿永の内乱を戦っている。寿永二年八月、木曽義仲は後白河院の命を受けて京都警固の分担を明確にした。この時、大内守護は源三位入道子息（頼政）の分担と定められている。文治元年五月には頼兼が御所に盗人が入ったことを頼朝に報告しているので、義仲が大内守護を託した源三位入道子息は頼兼の可能性が高い。

頼兼は安徳天皇が都落ちの時に御所から持って行った三種の神器を京都に迎える使節の一人に選ばれたり、捕虜となった新中納言平重衡を南都へ護送する使節を勤めたりと、京の武者として活動していた。ただ、父頼政が八条院殿上人から従三位に昇ったように、殿上人と京の武者を兼ねる地位までは回復できなかった。頼政や二条院讃岐のように歌人として公家と交わることのなかったことが、交流範囲を狭めた可能性がある。

文治四年の頼朝と後白河との交渉の中で、頼兼の窮状が明らかになる。頼兼のもとには摂津国渡辺党や太政官の下級官人紀氏などの姻戚や重代の家人が残っていた。地方でも美濃国池田郡司、武蔵・下総国に広がる大井一族、遠江国在庁井伊介、伊豆在庁工藤氏・下総国下河辺庄の下河辺氏など、多くの家人が内乱を生き残った。しかし、地方の人々は、幕府の文官や御家人として頼朝に吸収されていた。治承・寿永の内乱が終わっても摂津源氏のもとには帰ってこなかったのである。頼兼の窮状を知った頼朝は、北陸道諸国の御家人に対して頼兼の指示に従って大内守護を務めることを命じた。摂津源氏は、重代の職である大内守護を務めるにも鎌倉幕府の支援が必要な状態に陥っていた。

　頼朝は、幕府の儀式に招く時、頼兼を武蔵守平賀義信の上席に据えた。平賀氏は鎌倉殿頼朝に仕える諸大夫の地位を受け入れていたので、頼兼の下位につくことを問題としなかった。文治元年十月二十一日に鎌倉に到着した頼兼の書状は、御所に入った盗賊を捕らえた勲功により、頼兼が従五位上に昇進し、家人紀久実が兵衛尉に補任されたと伝える。大内守護の功績に対する特昇なので、朝廷の人事規定にもとづく「理運の昇進」であった。それゆえ、事後報告で問題ないのである。頼兼は、朝廷に仕える京の武者と鎌倉殿頼朝の諸大夫という二重の身分を持つ者として、家礼の礼をとったといえる。『愚管抄』は、頼兼が大内守護の地位を維持するために心労を重ねていた様子を、「久クモナクテ、ヱ思フヤウナラデ、ウセニキ」と伝える。京の武者の地位は保ったものの、衰退の著しい摂津源氏を支える心労は、大きかったのであろう。

平賀氏の名字の地は、信濃国佐久郡平賀郷（長野県佐久市）である。頼朝と平賀義信との結びつきは、平治の乱までさかのぼる。『平治物語』は、義信が源義朝の軍勢に加わり、義朝が尾張国で長田忠致に謀殺されるまで行動をともにしたと記している。八騎落ちの苦難をともにしたことが、頼朝と義信との信頼関係の基盤となっていたのであろう。

盟友平賀一族

治承五年六月の横田河原合戦では、木曽党・佐久党（平賀氏）・甲斐源氏の連合軍が城氏と笠原氏が集めた越後・信濃の平氏与党の軍勢を破っている。この勝利によって、木曽義仲は信濃・上野国の実質的な盟主となり、北陸道に勢力を伸ばして反乱軍の一方の雄に成長していった。しかし、義信は頼朝の陣営に加わった。頼朝の勢力圏が上野国に伸びてきたのを機に、合流したのであろう。

義信の子大内惟義(これよし)は、義仲追討の上洛戦から一ノ谷合戦へと転戦し、伊賀国惣追捕使(そうついぶし)に任命されて駐留した。惟義は、ここで三日平氏(みっかへいし)の乱（一一八四年）を鎮圧し、畿内に残っていた平氏の残存勢力を掃討した。惟義は、頼朝の信頼に応え、畿内近国の安定に睨みを効かせていたことになる。

元暦元年六月五日の除目で、義信は武蔵守に補任された。頼朝は、治承・寿永の内乱の功績によって三河・駿河・伊豆・相模・武蔵・上総・信濃・越後・伊予の九ヵ国を知行国として給わった。この国々には、知行国主頼朝が目代を派遣して統治する国と、国守に任命された人物が受領として赴任する国、国守が代官を派遣して治めた国などさまざまであった。守護との関係をみても、国務を執る人物が守護を兼務する場合と、名国司と守護が別々に任命される場合があり、統治の形態はさまざまである。その中で、義信は国守として国務を執り、守護も兼務したことで、最も大きな権限が与えられた。摂津源氏の駿河守源広綱の場合は、駿河国が甲斐源氏武田信義が軍事的に制圧して守護職に補任された国なので、国守が国務を執ることは難しかった。駿河守護は、武田信義から北条時政に交替した後は、駿河国には北条氏の勢力が伸びていった。国務を執らせた範頼・義信と、執らせなかった源広綱との間には、大きな待遇の差があったといえる。

義信は、幕府が御家人に登録した人々の所職を公領荘園の役職から幕府の地頭職に切り替えていく作業を滞りなく進める一方で、知行国の国守として国衙の組織を使った統治を行っていった。軍記物語や公家の日記は畠山庄司重忠と表記するのに対し、『吾妻鏡』が畠山二郎重忠と表記するのは、庄司（下司）を地頭職に切り替えたためである。

鎌倉殿頼朝の知行国の国守と守護を兼務したことで、武蔵守平賀義信は幕府の命令を惣検校(そうけんぎょう)畠山重忠に伝えていった。知行国制度にもとづく命令系統をそのまま使ったところが、武蔵国支配の特徴である。秩父一族は、大蔵合戦で河越重隆が源義平に討たれた後は勢力を後退させていた。その後、平氏一門が二十年にわたって武蔵国を知行国とした時期に平氏家人となって勢力を回復し、武蔵国全域に一族を広げていた。武蔵国有力在庁秩父一族は、比企尼(ひきのあま)の縁者として頼朝の側近くにいる一方で、平氏の有力な与党として頼朝の与党三浦氏を討った実績を持っている。義信は彼らとの円滑な関係を保ち、武蔵国を幕府の拠点へと変えていった。建久六年（一一九五）七月十六日、頼朝は義信の武蔵国支配を誉め、御感御教書(ぎょかんのみぎょうしょ)を送るとともに、この時の国務の次第を武蔵国衙に壁書きするよう指示した。仕事ぶりを誉められた義信としては名誉といえる沙汰であった。

守りに強い頼朝

ここまでお読みの方は察しがついていると思うが、筆者は源頼朝を守りに強い受動的な人物として描いている。頼朝は、挙兵によって確立した鎌倉殿の地位と勢力を維持していくことに精力を注いだ結果、治承・寿永の内乱を勝ち残った。その結果として成立したのが、鎌倉幕府である。頼朝はさまざまな矛盾の噴出として始まった以仁王(もちひとおう)挙兵以後の戦乱の中で急激に変化を遂げていく社会構造に対応しながら組織を守る中で、結果として新たな権門を創出したと考える方がよいのであろう。

京都の人々は、伊豆国流人として二十年の歳月を過ごした頼朝を、過去の存在として忘れていた。しかし、三善康信が状況判断を読み誤り、頼朝に身の危険を伝えたことで、誰も予想しなかった挙兵を決行する。山木兼隆を討った頼朝が積極的に動くのであれば、伊豆国府占領よりも本拠地相模・武蔵への進出を急ぐはずである。しかし、頼朝は工藤介茂光に擁立された存在であり、伊豆国での体制固めに時間を費やしたことが大庭景親に軍勢を集める時間を与え、石橋山合戦で相模国進出を阻まれてしまう結果を招いた。

その後、坂東で勢力圏を確保した頼朝は、以仁王挙兵を引き継いで戦う木曽義仲に対抗するため、後白河に接近し、朝廷への帰順を考える。しかし、平宗盛の反対で交渉は成立せず、坂東の地方政権として体制固めに入る。頼朝の出番は、以仁王の遺児北陸宮を擁して入京した義仲が北陸宮の即位を主張し、後白河と対立したことによって訪れる。後白河は、義仲に代わる提携の相手として頼朝を選び、密使をやりとりして上洛の条件を調えていくのである。後白河は、義仲とともに入京した武者たちを京の武者として取り込むことで上洛軍の結束を緩める一方で、義仲に対しては平氏追討を督促して西国に出陣させ、その隙に頼朝に対して上洛を促した。そのための条件づくりとして、寿永二年十月宣旨を発布して頼朝に東国の治安回復の権限を与えた。この時期、頼朝は平氏追討の方策まで後白河と打ち合わせていた。孤立した義仲の追討が成功するのは当然として、播磨国まで再進出した平氏一門とどう向かい合うかまで視野に入れていたのである。

平氏追討戦は、安徳天皇を旧主（上皇）として帰還させること、平氏一門が保持する三種の神器を後鳥羽上皇に渡すことを最優先するという後白河の意向にそって行われるはずであった。そのため、範頼が率いる山陽道の遠征軍は、平氏の拠点を潰して勢力を殺ぐ戦いが中心であった。この戦いにより、頼朝の勢力は山陽道まで伸び、頼朝が信頼する比企・大内・梶原・土肥といった人々を惣追捕使として占領地に配置していった。

平氏追討戦は、義経の暴走によって後白河の思惑どおりの結末とはならなかったものの、壇ノ浦（だんのうら）合戦で平氏一門を滅ぼすことで終結した。その後の政局は、朝廷が戦時体制から平時体制への移行をいつ宣言するか、戦時体制の元で頼朝に与えた権限をどこまで残すかに移っていった。この交渉で、頼朝は歴史上の大きな転換点を演出することになる。清盛も義仲も、朝廷の中で官位を得ることで、つまり既存の組織の中で権限を掌握することで政治を動かそうとした。しかし、頼朝は治承・寿永の内乱の中で獲得した非常大権を平時体制の枠組みの中に組み込むことで、朝廷の組織の枠組の外側に権門（鎌倉幕府）を創ろうとした。後白河院政に対して、守護・地頭を公的な制度として承認させたことである。この問題では、北条時政の上洛は頼朝側の提示した第一次案をおおむね合意ということで後白河院側に呑ませたにすぎず、その後の後白河院側の反論で数次に渉る譲歩を繰り返しつつも、守護・地頭を制度として成立させた。頼朝は、後白河に利用されることで頭角をあらわし、後白河の意向に沿って義仲・平氏の追討を行うことで勢力圏を拡大し、最後には後白河院と対立して潰されることなく、鎌倉幕府という組織を成立させた。頼朝は守り上手な人であり、着実に自らの勢力圏を広げていくことで、最終的に鎌倉幕府という組織を創り上げたといってよいであろう。

源頼家政権の虚実

生母北条政子との対決

源頼朝の誤算

源頼朝は、鎌倉殿の地位を嫡子頼家に継がせるため、有力者を周囲に配していった。しかし、頼朝が頼家のために準備した政権構想は、北条政子の賛成が得られるものではなかった。頼朝が亡くなると、鎌倉殿主導の専制政治を継承しようとする二代頼家と、北条氏が外戚として政権運営を行いたいと考える将軍生母政子の権力抗争が始まり、結果的に北条氏が頼家政権を揺さぶって崩したことで終わった。頼家政権の崩壊は、頼朝・頼家と二代続いた将軍家主導の政治体制の終わりを意味した。

源頼家の後見人

最初に、頼朝が頼家の周囲に置こうとした人々をみていくことにしよう。その片鱗から、頼家政権のあるべき姿がうかがえるためである。

頼朝が、頼家につけた乳母夫は、比企能員・平賀義信・梶原景時と交代していった。寿永元年（一一八二）に頼家が誕生した時、頼朝は比企能員を乳母夫に指名した。頼朝が最も篤い信頼を寄せた乳母比企尼の甥、武蔵国比企郡司の一族である。その後、頼朝は、頼家の乳母夫を武蔵守平賀義信に交替した。義信は、平治の乱をともに戦った頼朝の盟友であり、かつ比企尼の娘婿でもあった。頼家が頼朝の嫡子として鎌倉殿を継承する路線を歩み始めたことにより、乳母夫もそれに相応しい人物に交代したのであろう。義信であれば、頼家が未熟さを出してしまったとしても、周囲の不満を抑える重石の役割を務めることができた。義信の没年は明らかでないが、二代将軍頼家の時代には義信の嫡子朝雅が北条時政の娘婿として活動している。頼朝は、平賀氏が頼家を揺さぶる政子の陣営に移るとは予想もしていなかったであろう。

正治元年（一一九九）に頼家が鎌倉殿を継承した時、梶原景時が乳母夫についていた。景時が、頼朝の腹心として鎌倉幕府草創に重要な役割を果たしたことは誰もが認めるところである。しかし、平氏追討軍の軍奉行や侍所別当として、新たに加わった西国の御家人と坂東の御家人との間にある摩擦を調整するため、頼朝とともに戦ったという意識を強く持つ坂東の御家人の頭を抑える役割を担った。景時は頼朝にとって組織の内部にあって邪魔な存在となっている上総権介広常や源義経を排除する憎まれる役も演じた。有能で冷徹な人物であるだけに、人望という点では恐れ嫌われる存在となっていた。坂東の有力豪族と梶原景時は、同じ侍身分である。内乱以前の坂東の勢力分布からみると、同輩ないし格下と考えてきた景時の命令や掣肘を受けることを快く思わない有力御家人が少なくなかったとみてよいであろう。

平賀義信の後任が源家一門であれば、北条氏につけいられる隙は少なかったろう。しかし、頼朝が抜擢した源家一門の多くは政変・陰謀・疑獄で没落し、弟の範頼も建久四年（一一九三）に無実の嫌疑をかけて誅殺された。義信の後任に梶原景時を持ってこなければならないところに、人選の苦しさがあった。

宿老源範頼の悲劇

範頼は、頼朝の代官として平氏追討の遠征軍を指揮したが、その後はこれといった動きをみせなくなる。学者の家高倉家に育てられた範頼であれば、「狡兎死して、走狗烹らる」（『史記』「趙世家」）の故事は知っていたであろう。鎌倉に戻った範頼は、頼朝の弟として高い待遇をうけたものの、目立たないようにと強く意識した動きを示している。たとえば、「廿日、丙辰、二品鎌倉を立ち、伊豆箱根三島社等に参らしめ給、武州・参州(範頼)・駿州・源蔵人大夫・上総介・新田蔵人・奈胡蔵人・里見冠者・徳河三郎など扈従す、伊沢五郎・加賀美次郎・小山七郎已下随兵三百騎に及ぶ」(『吾妻鏡』)など、儀式では高い席次が与えられ、幕府の宿老とよぶに相応しい重みを示していた。

一方で、『吾妻鏡』の中で範頼という人の個性があらわれる記事は少ない。建久元年八月に院庁官中原康貞が頼朝に吉田経房・定長を讒言した時、取り次いだことが数少ない事例といえる。範頼の右筆中原重能は康貞の弟なので、範頼は重能の進言を入れて取り次いだものと思われる。この重能が、後に範頼の名誉を救うことになる。

建久四年五月、頼朝は嫡子頼家の射芸を御家人たちに披露するイベントとして富士の巻狩を催した。頼家は五月十六日に大鹿を射て、武家の棟梁たるに相応しい射芸を示した。頼朝は、梶原景高を使者に立ててこの祝儀を鎌倉に伝えたが、北条政子は珍しいことではないと冷たく対応し、使者の面目を潰してしまった。この一件で、政子が頼家とその取り巻きを快く思っていないことが明らかになる。

富士の巻狩の最中、曽我兄弟の仇討ちが起きた。これは伊豆国有力在庁工藤介一族の内訌から起きた仇討ち事件であるが、源家将軍の後継者を披露する壮大な儀礼を台無しにされた頼朝の憤りは抑えがたいものがあった。頼朝の心中が工藤氏の内訌では納まりがつかないゆえに、その憤りに見合うだけの大きな敵の幻影が必要であった。鎌倉の留守を預かっていた範頼は、政子を安心させるために「範頼左(たすけ)テ候ヘバ、御代ハ何事カ候ベキ」と語ったことが、頼朝の心の中で欲していた大いなる幻影にあてはまり、「弟の範頼が鎌倉殿の地位を狙っている」という幻影の図式を組み立てられてしまった。範頼に謀叛の嫌疑をかけて誅殺したことに無理があったのは、建久四年八月二日に範頼起請文(きしょうもん)を提出した右筆中原重能が、頼朝の詰問を一々論破したと『吾妻鏡』が記録していることからも推測できる。南北朝時代に書かれた歴史書『保暦間記(ほうりやくかんき)』は、範頼誅殺が誤りであったと指摘している。範頼陰謀の嫌疑は、事件が取り沙汰された当時から無理があると考えられていたのであろう。御家人の信望を集めていた範頼が消えたことで、北条氏が動きやすくなったことはいうまでもない。

源頼家を囲む人々

正治元年四月六日、頼家に対して父頼朝が朝廷から授かった諸国守護職（日本国惣追捕使）の継承を承認する使者が京都から到着した。この日、幕府は吉書始(きっしょはじめ)を行って、頼家の鎌倉殿継承を確認した。この日の出席者は、頼家の外祖父北条時政を筆頭に、大江広元(おおえのひろもと)・三浦義澄(みうらよしずみ)・源光行・三善康信(みよしやすのぶ)・八田知家(はったともいえ)・和田(わだ)

義盛・比企能員・梶原景時・二階堂行光・平盛時・中原仲業・三善宣衡と列記されている。二階堂行光以下は政所職員を中心とした幕府の文官なので、北条時政から梶原景時にいたる上席の人々を頼家政権の重臣と考えてよい。これに、頼家の生母北条政子が加わる。参列者の構成で重要なのは、時政が筆頭を占めたこと、頼朝が諸大夫の待遇を与えた源家一門がいないことである。将軍家を囲む宿老や重臣の筆頭が時政となり、それに大江広元・三善康信・梶原景時といった政所・問注所・侍所の長官、三浦義澄・八田知家・比企能員といった源家ゆかりの宿老が続いている。

　この人々とは別に、二代将軍に就任した頼家は側近団を形成していった。頼家の側をかためる重臣は、外舅の比企能員と乳母夫の梶原景時である。頼家が近臣として側に置いたのは、小笠原長経、比企宗員・時員兄弟、北条時房、和田朝盛、大輔房源性、中野能成、平知康、紀行景、細野四郎といった人々である。このうち、小笠原氏（加賀美）・比企氏・梶原氏・和田氏・北条氏は有力者の子弟であるが、後白河院の近習平知康や、摂津国渡辺党の出身で蹴鞠や算道を学んだ源性、蹴鞠の名人紀行景など京下りの人々が側近に加わっている。信濃国御家人中野氏がみえるのは、頼家が妻に迎えた木曽義仲の娘の縁者であろうか。頼家を囲む人材の層が薄くないことは確かであるが、この人々と幕府草創の時代を生きた宿老たちとの間に大きな意識の差があったことも事実であろう。政子がその間隙をついて宿老を支持勢力に取り込んで頼家を抑えにかかったことで、頼家政権の運営は暗礁に乗り上げていくことになる。

波乱の始まり

頼家政権の政治は、最初から派閥抗争の様相を呈していた。基本的な図式は、頼家を支持する梶原氏・比企氏と、頼家の弟実朝を擁して対抗しようとする北条氏である。以前は、北条氏が鎌倉の有力豪族を排除して執権政治を成立させていく執権政治成立史論で説明されてきたが、近年は執権政治が行われたのは泰時・経時の二代であり、経時政権は大殿九条頼経との間に政治的な軋轢のあったことも明らかにされている。執権政治という政治形態は北条泰時個人の資質に負うところが大きく、幕府は専制体制を基本とすると考えられるようになったためである。北条氏が幕府の主導権を握っていく政治過程についても、建仁三年（一二〇三）の比企氏の乱後の北条時政政権や、元久二年（一二〇五）の牧氏事件によって成立した北条政子・義時姉弟の寡頭政治などの専制政治が常態である。その中で、二代将軍頼家の時代は、頼朝薨去後の政局を誰が主導するかを争う権力抗争の時期であった。

頼朝は、頼家の時代の北条氏を群臣の一人として処遇しようとした。政権の中枢に入れなかった北条氏は、頼朝とともに幕府を創った昔を懐かしむ宿老たちと手を結び、頼家が比企氏・梶原氏を支持勢力として発足させようとした新体制を潰そうと考えた。両者の政争は、頼家政権の頭脳である梶原景時が、多くの敵を持つ弱点を突いて始められることになる。

梶原景時の悲劇

意外な分岐点―源頼朝夫妻とのつきあい方

源頼朝に忠誠をつくした人々が、頼朝の家族とどのように接してきたかの違いが二代将軍頼家の政治に大きな影響を与えていくことになった。比企尼の一族や梶原景時が源家将軍を大切に思い、忠誠を尽くしたことは疑いのないところである。しかし、頼家の外舅比企能員や乳母夫梶原景時が頼家に対して忠誠を尽くす場合、その対象は頼家とその家族ということになる。彼らは頼家の母北条政子まで忠誠の範囲に含めるであろうが、頼朝の姻戚北条氏を含まないことは明らかである。それとともに、頼家の妾若狭局（比企能員娘）を母とする一幡が誕生すると、頼家の家族は一幡とその母方の比企氏となり、頼家・一幡を中心とした勢力が形成されていくことになる。一幡を後継者として認めることは、源家将軍の外戚が北条氏から比企氏に交替することを意味する。

それに対し、北条氏が連携しようとした三浦氏・結城氏は、坂東の有力豪族であると同時に幕府草創に力を尽くした功臣で、頼朝・政子夫妻と家と家とのつきあいをしていた。彼らは北条氏と姻戚関係を結ぶことで身内のつきあいをしたので、将軍頼家のもとで比企氏や梶原氏が主導する体制を容認しがたいと考え、政子・千幡（実朝）を支持することで対抗勢力を形成していった。頼朝・政子夫妻を忠誠の対象と考えた人々は、頼朝の時代のようにありたいという願いから北条氏を支持する立場を明確にしていったのである。

源頼家の後見人比企氏

頼家の最大の支持勢力は、頼朝の乳母比企尼の婚家比企氏の一族とその縁者である。比企氏は武蔵国比企郡の郡司をつとめた地方豪族、比企尼は夫比企遠宗の領地武蔵国比企郡を請所にして下向し、伊豆国に流された頼朝のもとに仕送りを続けた。比企氏と頼朝の信頼関係は、頼朝の流人時代に築かれたものであった。

寿永元年（一一八二）八月十二日に、頼家が誕生すると、頼家の乳母として河越重頼の妻が御産所に召された。また、能員が頼家の乳母夫に任じられた。乳母夫は、もともとの意味は乳母の夫であったが、主人の子を自分の館に預かって養育する後見人の男性を指すようになった。預かった主人の子は「養君（やしないぎみ）」とよばれ、乳母夫は家をあげて後見する責務を負うようになった。乳母夫の子供たちは乳母子（めのとご）とよばれ、腹心の部下となって活躍した。『平家物語』の「木曽殿最期」にみえる木曽義仲（きそよしなか）と今井兼平の結びつきの深さを思い浮かべれば、主人と乳母子の関係はわかりやすいであろう。

頼朝挙兵の頃の比企氏の惣領は、比企朝宗（ともむね）と思われる。元暦元年（一一八四）、頼朝は朝宗を勧農使として木曽義仲が支配した北陸道に派遣した。頼朝は戦乱によって途絶した年貢の納入を朝廷に約束したので、生産基盤の安定化と輸送路の安全確保は重要な課題であった。義仲は兵粮米として大量の米を徴発したため、朝宗は植え付けのための種籾（たねもみ）の確保と貸付からはじめなくてはならなかった。朝宗は義仲が支配した北陸道十ヵ国の安定化という重要な仕事を命じられたのである。また、頼朝は朝宗の娘を北条義時に嫁がせ、比企氏と北条氏との結びつきを深めさせようとした。この二人の間に誕生したのが、名越朝時（なごえともとき）である。

頼家は、能員の娘を妻に迎え、嫡子一幡が誕生した。『吾妻鏡（あずまかがみ）』はこの女性を「妾（しょう）」と記述する。この時代、家を管理する女主人となる夫人を「室（しつ）」とよぶ。正室は家の動産や儀式・祭祀を管理した。家長と正室の社会的地位は、その家の社会的地位を示すひとつの指標となる。「妾」の家もまた独立した経営体として運営していたが、夫とともに家の社会的地位を示す家格を持たないところに違いがある。北条政子や比企能員娘若狭局が、「室」となれない理由がここにある。政子は頼家の母として権力を持つのであり、頼朝の夫人であっても正室ではなかった。彼女が「辺鄙の老尼」と謙遜したのも、頼朝が京都で活動して正室を迎えていれば、政子は「妾」の待遇を受けたためである。

頼家室の待遇を受けた女性は、辻殿（賀茂重長娘、公暁の母）が知られている。能員は若狭局を母とする頼家の第一子一幡の家督継承を推し進め、外祖父として外戚への第一歩を踏み出そうとしていた。頼朝と北条氏との関係と、頼家と比企氏の関係が同一であることが、北条氏と比企氏が並び立つことのできない理由である。

北条氏と三浦氏の連携

頼家が武家の棟梁にふさわしい器量を身に付け、外戚比企氏を中心とした勢力に擁立されて政権を発足させることは、頼家政権から疎外されることの明らかになった人々を千幡（実朝）を擁する政子の元に集まらせることになった。反主流の中心にいたのは政子とその弟義時、頼朝の異母弟で千幡の乳母夫をつとめる阿野全成とその妻阿波局（政子の妹）であった。頼家政権の中枢にいる冷徹な能吏梶原景時が睨みを効かせている限り、この人々が積極的に動くことはむずかしかった。
しかし、頼家は政権発足時から幕府を創った宿老たちと対立する道を歩んだ。そこに、千幡擁立を画策する人々のつけ込む余地が生じた。

北条政子・義時とともに、千幡擁立で積極的に動いたのが三浦義村である。三浦氏は相模国在庁官人で三浦介を通称とし、三浦半島を中心に房総半島まで勢力を伸ばしていた。治承四年八月の衣笠合戦で三浦義明が討死した後、嫡子義澄が家督を継いでいた。義澄は相模守護を務め、正六位上行相模介の官位を持っていた。義澄は、この待遇で満足していたように思われる。

建久五年二月二日、北条泰時元服の席で、頼朝は義村の娘を泰時に嫁がせることを決めた。この後、義時は娘を義村の嫡子泰村に嫁がせたことで、両家は対等な婚姻関係を結んだことになり、積極的な協力関係へと発展していった。伊豆国田方郡北条を本拠地とする北条氏は、三浦氏と結びつきを深めることによって頼家を支える梶原氏・比企氏と政治的に対抗できる基盤を確保したのである。

梶原景時と頼家の側近たち

天台座主慈円は『愚管抄』で梶原景時を、「一ノ郎等ト思ヒタリシ梶原景時ガ、ヤガテメノトニテ有ケルヲ、イタク我バカリト思ヒテ、次々ノ郎等をアナヅリケレバニヤ、ソレニウタヘラレテ、景時ヲウタントシケレバ、景時国ヲ出テ京ノ方ヘノボリケル道ニテウタレニケリ」と評価した。頼朝の一の郎党梶原景時は、二代将軍頼家の乳母夫となり、他の郎党に対して侮った態度をとったので、訴訟を起こされて失脚し、滅ぼされたというのである。己の才能を驕って周囲から浮いた景時の姿がうかんでくる。梶原氏は、徳大寺実定から和歌を学ぶことで、都の文化に馴染んでいた。教養があって弁の立つ景時が、坂東武者の姿を丸出しにした御家人を小馬鹿にしたことは想像にかたくない。それとともに、上総権介広常暗殺や義経弾劾など頼朝のために汚れ役の仕事をこなしたことも事実である。一方で、政務に関する評価には公正の聞こえがあり、景時に信頼を寄せる者も多かった。景時が、草創期の幕府を支えた能吏であったことは動かない。頼朝は、自分のためなら何でもする景時の激しさを御することができたが、頼家には景時を使うための必須の条件となる周囲の批判を封じ込める力がなかった。景時を使いきれないところに、頼家の未熟さがあったといえる。

頼家が家督を継いで間もない正治元年三月五日、後藤基清の讃岐国守護職を解任し、近藤国平を新たに補任した。これが、頼家が頼朝の時代の先規を改めた最初のものと『吾妻鏡』は記している。これは、一条家に仕えた中原政経・後藤基清・小野義成が後鳥羽親政の重臣源通親の暗殺を企んだとされる事件で、上記三人がいずれも左衛門尉であったことから三左衛門事件とよばれる。この事件の後、鎌倉側では後藤基清が守護職を解任され、京都では通親が権大納言から内大臣に昇進した。通親は宣陽門院や丹波局（高階栄子）と共に反九条兼実の勢力を固めてきた。朝廷も幕府も厳しい追及を行わなかった三左衛門事件は、朝廷と鎌倉幕府が対立から協調へと路線変更する中で駆け引きの道具にされた感もある。頼家政権の対朝廷政策は、責任を持って京都の治安を守ること以上には関心のない無関心というところから始まっているのであろう。

正治元年四月十二日、十三人の合議制とよばれる制度が新設された。これは、将軍頼家への直訴を禁止し、北条時政以下十三人の重臣が談合を加えて成敗することを定めたものである。この制度の要点は、北条時政・北条義時・大江広元・三善康信・中原親能・三浦義澄・八田知家・和田義盛・比企能員・安達盛長・足立遠元・梶原景時・二階堂行政の十三人以外の人が訴訟を取り次ぐことを禁止した点にある。問注所に正規の手続きで提出される訴訟は従前どおりなのであろうから、ここで考えるのは、十三人に限定されたことによって直訴の取り継げなくなった人々の不満であろう。

四月二十日、頼家の仰せを受けた梶原景時・中原仲業が奉行となって、比企宗員・比企時員・小笠原長経・中野能成の四人が鎌倉中で狼藉に及んでも訴訟を起こしてはならない旨を政所に伝えた。能員の子宗員・時員兄弟や、源家一門加賀美遠光の孫小笠原長経は重臣の子弟であり、十三人の合議制によって訴訟を取り次げなくなった人々に該当すると考えてよい。十三人の合議制とは頼家の側近を通じた直訴の禁止であり、頼朝とともに幕府をつくった重臣たちと頼家の側近との間に生じた軋轢がうみだした一連の事件の発端と考えれば、位置づけがしやすい。

衝突の始まり

梶原景時は、将軍頼家を乳母夫としてたすける立場にある一方で、宿老の一人として十三人の合議制に名を連ねた。景時は乳母夫の立場から頼家を守る側に回ったが、これは宿老たちの反発を招くことを前提とした孤立化の第一歩であった。頼家に忠実な者を意味する「第一の郎等」という評価は、宿老たちから見ると頼家を正しく補佐しない「讒佞」の者という評価になった。側近に力をつけさせて将軍家主導の専制政治への道を歩もうとする頼家と、「頼朝の時代の通りに」を意味する「右大将家御時の例」を望む宿老との板挟みにあった景時の苦悩が始まるのである。

　正治元年七月、頼家は安達景盛の妾をみそめ、景盛が守護を勤める三河国に下った留守に、景盛の愛妾を小笠原長経亭に移して想いを遂げる事件を起こした。鎌倉に戻った景盛は事情を聞いて憤りを隠そうとせず、頼家もまた不満を隠さない景盛を謀叛の咎で討つと息巻いたので、両者の対立は一触即発の状態になった。政所別当大江広元は、鳥羽院も祇園女御を寵愛した時は同じようなことをしたとうそぶき、関わろうとしなかった。

　しかし、政子は景盛を庇って頼家を抑えつけようとした。八月十九日、頼家の側近たちは旗を揚げて、安達景盛の甘縄亭を襲おうとした。この騒ぎに驚いた御家人たちは御所に群参したが、政子は景盛亭に入って騒ぎを鎮めようとした。政子は、安達一族に何の罪科があるのかと問いただし、安達氏を討つのであれば自分を先に討てと言い放った。事の発端が女性問題であり、景盛には吹毛の科しかないので、政子から正面切って問いただされれば答えようがないというのが実情であろう。この時、政子は景盛亭で派手な演出をして合戦を回避したが、事を穏便に収める気はなかったのであろうか。この事件によって、政子は将軍頼家の権威を地に墜とし、安達氏は北条氏の忠実な与党となった。頼家政権を潰そうとしている政子の望んだ結果なのであろう。

　この事件の背景には、公家と武家の結婚観の相違があった。公家も武家も、家と家の公的な関係として結ばれる婚姻によって迎える妻を正室と称した。中世前期までは、夫婦の社会的地位は双方の家の家格から判断される。夫の家が妻の家よりも上位にあり、妻の家が夫の社会的地位を示す指標とならない家格差で結婚する場合、その妻は「妾（ショウ）」とよばれた。中世前期の家族は一夫多妻制で、夫婦がそれぞれに持ち寄った財産によって家が経営された。公家と武家が異なるのは、公家の場合は平安京に住む都市住民であり、京都の市街やその周辺部に館を構えて家政機関を置いた。公家の館が持つ機能は事務所であった。そのため、家長が家政機関を置いた館が本宅であり、本宅を変えることは単に事務所の移転を意味した。武家よりも、本拠地の変更は容易であった。院政時代は中世温暖期の恵まれた気候により、東国の大規模開発が行われた時代であり、武士は未開発あるいは荒廃した土地を開墾して所領の生産力を拡大していった。大きな所領を持つ武士は、子供たちに未開地を多く含む土地を譲与して分家させた。子供たちが妻を迎えると、夫婦の財力で開発を進めて経済力を高めていった。武士の婚姻は家の経営と所領の経営が一体化されていたため、夫と妻の結びつきは公家よりも強いものとなった。将軍御所で公家の気風を学んでいる頼家と、伊豆国で生まれ育った政子との間には、結婚に対する考え方に大きな違いがあったのであろう。頼家の行動をたいしたことではないと判断した大江広元の対応は都の習いであり、烈火のごとく怒った政子の反応は坂東の習いだったといえる。この事件によって、頼家は安達氏を千幡擁立派に押し流すことになった。政治的にみて重大な失点であったことは否めない。

梶原景時滅亡

梶原景時弾劾の発端を、再確認してみよう。正治元年十月二十七日、政子の妹阿波局は、結城朝光が将軍御所で「忠臣は二君に事えず」といって頼朝の時代を懐かしんだことが不忠であると、景時が頼家に讒言したことを告げた。朝光が複数の人の前でこの発言をしたことは事実なのであろう。朝光は頼朝の烏帽子子であり、頼朝とは家族として接していた。朝光が懐旧したとおりに考えているのであれば、頼朝薨去の時に隠居するか、出家入道するのが筋であり、この時期の発言は引き際を誤ったといわれても仕方のないものである。一方、阿波局が景時の讒言を聞いたことの真偽を確認することは可能であろうか。阿波局は、政子の妹であるとともに、千幡（実朝）の乳母夫阿野全成（頼朝の異母兄弟）の妻である。景時の政敵が伝えた話と割り引いて考えるべきところなのであるが、朝光は阿波局の話を信じて行動を起こしてしまった。当時の緊迫した政治情勢があらわれているといえる。

阿波局の話を信じた朝光は、三浦義村に相談した。義村は、この話を聞いて景時を潰す好機と考え、弾劾へと事態を拡大させていった。梶原氏は、平氏の全盛時代に大庭景親と親しくして石橋山合戦で、頼朝と戦っている。源家重代の家人として衣笠合戦で祖父三浦介義明を討たれた三浦氏は、頼朝の意向によって大庭景親に与した景時を許容したとはいえ、景時を心底から許してはいなかったのであろう。弾劾文の起草を景時に不信感をつのらせていた政所職員中原仲業に依頼するなど、事態を急展開させていった。

十月二十八日、和田義盛と三浦義村は御家人六十六人の連署を集めた弾劾文を大江広元に手渡し、将軍頼家への上奏を頼んだ。ところが、広元は、将軍頼家の意向をおもんばかって弾劾文を取り次がなかった。十一月十日、義盛は先送りを繰り返す広元に詰め寄って脅し、奏上を強く迫った。翌日、広元は頼家に弾劾文を奏上した。十三日、頼家は景時に弾劾文を渡し、弁明を求めた。しかし、景時はいっさい弁明せず、一族を引き連れて相模国一宮に退去した。頼家に見捨てられたことを感じ取っての隠居である。天台座主慈円は、景時が頼家を潰す陰謀をつかんだゆえに逆に滅ぼされたと理解し、景時を庇いきれなかったことを頼家最大の失敗と『愚管抄』に記述した。

正治二年正月二十日、景時は上洛を企てたが、駿河国狐ケ崎（静岡市清水区）で討伐の御家人に追いつかれて討たれた。この合戦では、比企能員の娘婿糟屋有季が先陣をつとめているので、比企氏も梶原氏を滅ぼす側に立っていたことがわかる。『吾妻鏡』の記述をたどっていくと、阿波局は単なるおしゃべりではなく、政子の思惑を受けて動いたと考えることができる。政子・義時姉弟の側には、千幡の乳母夫阿野全成、三浦義村・結城朝光・安達景盛といった有力御家人、梶原景時に侍所別当の職をとられたと恨む和田義盛など鎌倉幕府の有力者が揃っていた。比企能員は将軍頼家を支える立場では梶原景時と同じ陣営に属するが、景時弾劾文に署名していることから、景時に対して批判的であったことがわかる。頼家政権が脆弱なのは、支持勢力は小さくないが、一枚岩となって固まる強さを持っていなかったことであろう。

文官の身の処し方―大江広元の行動パターン

この事件の中で、大江広元がみせた文官らしい行動に注意しておこう。政治史というと、平清盛対源頼朝、源頼朝対後白河法皇、比企能員対北条時政といったように二項対立の図式に嵌め込んで理解しがちである。現実には、その中間にどちらにも与し得る(くみ)ことの可能な、あるいは動かないことで中立を保つ多くの人々が存在していることを捨象しがちである。数多の御家人が、勝者の側に与したというのは幻想にすぎない。幕府の重臣の中でも、大江広元や三善康信のような文官は職務を越えて政治に関わることを避けていた傾向がある。広元と康信では、頼朝の腹心として政所別当を務めた広元が、問注所執事として法務の専門家になった康信より高い待遇を受けていた。政所を主導する広元は、文官の筆頭として政局の中心に引きずりこまれないように中立を維持していていた。

梶原景時事件でも、広元は御家人六十六人の弾劾文を申し次ぎとして受け取ったが、頼家の意向をはばかって取り次がなかった。その後、和田義盛に強く詰め寄られて、ようやく頼家に奏上している。武断的な人には、文人貴族の惰弱な対応と受け取られるであろうが、広元の立場から考えれば、このような権力抗争で責任ある行動を取りたくはないのである。言質を与えるような発言はいっさいせず、かつ、危なくなったら誰かに責任転嫁できる状況を作り出した後に行動するのが一番望ましい展開といえる。景時が勝った時には、「弾劾文をいったんは握りつぶしたものの、和田義盛に強引に迫られてしかたなく取次いだ」といえるだけの状況が欲しい。弾劾した側が勝った場合には、「将軍家の御機嫌をうかがいながら、景時の留守をねらって奏上しようと考えていた」と申し開きのきく手順を踏んでおくことが望ましい。広元は、義盛の気短な性格を知っていたので、焦らせば強引に迫ってくると読んでいたのではないだろうか。案の定、義盛がねじ込んできたことで、広元は弾劾文を奏上した。比企氏の乱でも、比企氏を討つことの相談に館を訪れた北条時政に対し、「賢慮を廻らすよう」勧めただけで帰している。和田合戦でも和田方に館を襲われて将軍家に合流したが、その後は政所の守りについて将軍実朝を守る本隊から離れていた。

このような広元の行動は、自らの職務に忠実であることで中立的な存在であろうとする官僚の本質を貫いているようにみえる。人と人との関係を重視する主従制を基盤とした幕府の中で、政治に巻き込まれやすい広元が官僚の本質を貫くことは容易ではなかったろう。幕府を代表する高級官僚大江広元の凄みは、権力の中枢と深く結びつきながら政治的な確執に巻き込まれることを巧みに回避し、北条政子・義時政権の宿老として生き残ったことにある。

政権崩壊の始まり

八幡宮のお使い鳩が伝えるもの

比企氏の乱の直前、『吾妻鏡』には怪異の記事が並べられている。これは、中国の漢代儒学で形成された天人相関説にもとづく祥瑞災異の記事である。天人相関説では、天は地上を治める皇帝（王）が正しい政治を行うときにはそれを褒めたたえる吉徴（祥瑞）を示し、悪政を行うときには凶徴（災異）を示して反省を促すと考える。災異を示しても改めない場合には、さらに厳しい怪異を示し、それでも改めない場合には天命を改めて王朝を交替させると考えられた。日本では、天皇家が唯一の王家として定まっているため、易姓革命は儀礼として受け入れられ、本質部分は骨抜きにされた。一方で、天人相関説は予言説として受け入れられ、凶

事を回避するためのさまざまな呪術や祭祀が発達していった。『吾妻鏡』もこの考え方を受け入れて、祥瑞災異を記録していた。源家(げんけ)将軍に関する祥瑞災異の特徴は、八幡大菩薩(はちまんだいぼさつ)の使いとして鳩が使われるところに特徴がある。一例をみてみよう。

> 十八日己丑、晴、午剋、鶴岡若宮西廻廊に鳩飛び来る、数剋立ち避(さ)らず、仍(よっ)て、供僧等之(これ)を恠(あや)しむ、真智房法橋・大学房等門答講一座を修して法楽せしむ、将軍家見聞がため参り給ふ、遠州大官令等扈従す、その外の貴賤市を成す、西剋に及び、件の鳩西

図12　八幡宮扁額（神奈川県・称名寺所蔵、神奈川県立金沢文庫保管）
八幡宮の扁額は、神の使いである鳩で八の字を書いている

を指して飛び去ると云々、（『吾妻鏡』建仁二年八月十八日条）

この後も、「辰剋、鶴岡若宮宝殿の棟の上、唐鳩一羽居る、しばらくして、頓に地に落ちて死に畢んぬ、人之を奇とす」（『吾妻鏡』建仁三年六月三十日条）や「未剋、鶴岡八幡宮経所と下廻廊との造合の上より、鳩三喰い地に落つ、一羽死す」（『吾妻鏡』建仁三年七月四日条）、「辰剋、同宮寺閼伽棚の下、鳩一羽頭を切りて死す、此事先規無きの由、供僧等驚き申す」（『吾妻鏡』建仁三年七月九日条）と記事が続いていく。

八幡大菩薩は託宣も行った。『吾妻鏡』建仁三年正月二日条は、八幡大菩薩が巫女に憑依して次のような託宣を述べたと記録する。

大菩薩巫女に託し給ひて曰く、今年中、関東事有るべし、若君家督を継ぐべからず、岸の上の樹、その根已に枯る、人これを知らず、而るに梢緑を恃むと云々、

後の展開を知る者には、託宣の意味はとりやすい。頼家の生命はすでに尽きかけていて、一幡に家督を伝えることはできない。しかし、頼家を支持する人々はそのことを知らずに頼みにしているというのである。

これらの怪異や託宣は、鎌倉を守護する神仏が将軍頼家を見放したことを伝えようとしている。特に、八幡大菩薩の託宣は、巫女を通じて二代将軍頼家の生命が尽きようとして

いること、その若君が幕府を継げないことを語っている。『吾妻鏡』は同時代人の記録ではないため、比企氏の乱の前にこの託宣が成されたか否かは明言できないが、これらの一連の神託は頼家が不徳であるがゆえに交代させられたことを主張している。

頼朝最後の弟の失脚―阿野全成事件

梶原景時事件の後、頼家を支えたのは一幡の外祖父比企能員と源家一門小笠原長経であった。頼家の近習は、即興の弁舌に妙のある平知康、算道に通じた僧源性、蹴鞠の名人紀行景といった京下りの人々はいても、政治や軍事に実力のある近習は少なかった。

頼家はこれらの人々を率いて、自らの政治を行おうとした。しかし、これは宿老たちにとっては頼朝時代の先例を破る行為と理解された。正治二年八月二日、頼家は洛中を騒がせた罪によって佐々木経高の淡路・阿波・土佐三ヵ国守護職を解任した。また、正治二年五月二十八日、畠山重忠と陸奥国葛岡郡新熊野社社僧との境相論を一筆の沙汰として強引に裁定した。一方で、有力御家人の所領を調査するため、大田文を集め始めた。頼家は宿老たちの神経を逆なでするような強引な施策を推し進めた。

一方、頼家はこの時期から鷹狩と蹴鞠に耽溺していった。孤独を深めていったのであろう。比企能員は将軍家の舅と乳母夫の立場にあり、そのような頼家を支える最後の勢力として残った。ただ、能員は人に慕われる好人物かもしれないが、有能な政治家とは言いがたかった。頼家を孤立から救うべく、支持勢力拡大の手を打たなかったことは、後見人としての力量が問われるところである。

このような状況の中で、比企氏と北条氏の対決が始まった。梶原景時事件に対する報復として始められた阿野全成（あのぜんじょう）事件である。

建仁三年五月十九日、千幡の乳母夫阿野全成が謀叛の嫌疑で捕らえられた。翌日、比企時員が北条政子の元に赴いて全成の妻阿波局（あわのつぼね）の引き渡しを求めた。しかし、政子の必死の弁明によって、阿波局の引き渡しは叶わなかった。一方、全成は常陸国に配流（はいる）となった後に誅殺、その子頼全も七月十六日に京都で誅殺された。阿野氏が謀叛の咎によって滅ぼされたことは、千幡（せんまん）の家督継承を著しく不利なものとした。

この事件の後、千幡の乳母夫は全成から北条時政に交代した。時政は、将軍外祖父として遠江守に補任されてはいたが、権力に結びつく役職はこれが初めてである。

乳母夫北条時政の真価—将軍職継承の評定

七月二十日、『吾妻鏡』は「将軍家俄かに以て御病悩、御心神辛はだ苦しむ、直なる事に非ず」と、突然病の床に伏したことを伝える。『愚管抄』は「頼家ガヤミフシタルヲバ、自元広元ガモトニテ病セテ、ソレニスエテケリ」と頼家が倒れた大江広元亭でそのまま床に伏したと伝える。『吾妻鏡』はみだりに仁田忠常を富士の人穴に踏み込ませたことに対する浅間大菩薩の祟りと噂している。卜筮によって体調急変が神罰によるものと判断されたこと、先の八幡大菩薩の神託で頼家の生命が枯渇していると告げられたことを重ねあわせ、頼家の余命は幾ばくもないと判断された。陰陽師はまだ鎌倉に常駐していないが、伊豆国は卜部が置かれて海亀を捕まえていたこと、頼朝の時代は神主が行っていたことから、鎌倉の社寺の神主に卜筮を依頼したのであろう。

八月二十七日、将軍家の家督継承をめぐる評定が開かれた。比企能員は一幡の将軍職継承を前提に議論を進めることに成功し、千幡に譲る財産をどうするかを争点とした話し合いが進んでいった。その席で、時政は千幡へ譲与する所領の増加を強く求めて抵抗し、能員が不承不承それを承諾することで決着した。『吾妻鏡』が伝えるアウトラインは、鎌倉殿の地位を象徴する日本国惣守護職は一幡に、関東御領のうちで関東二十八国の地頭職

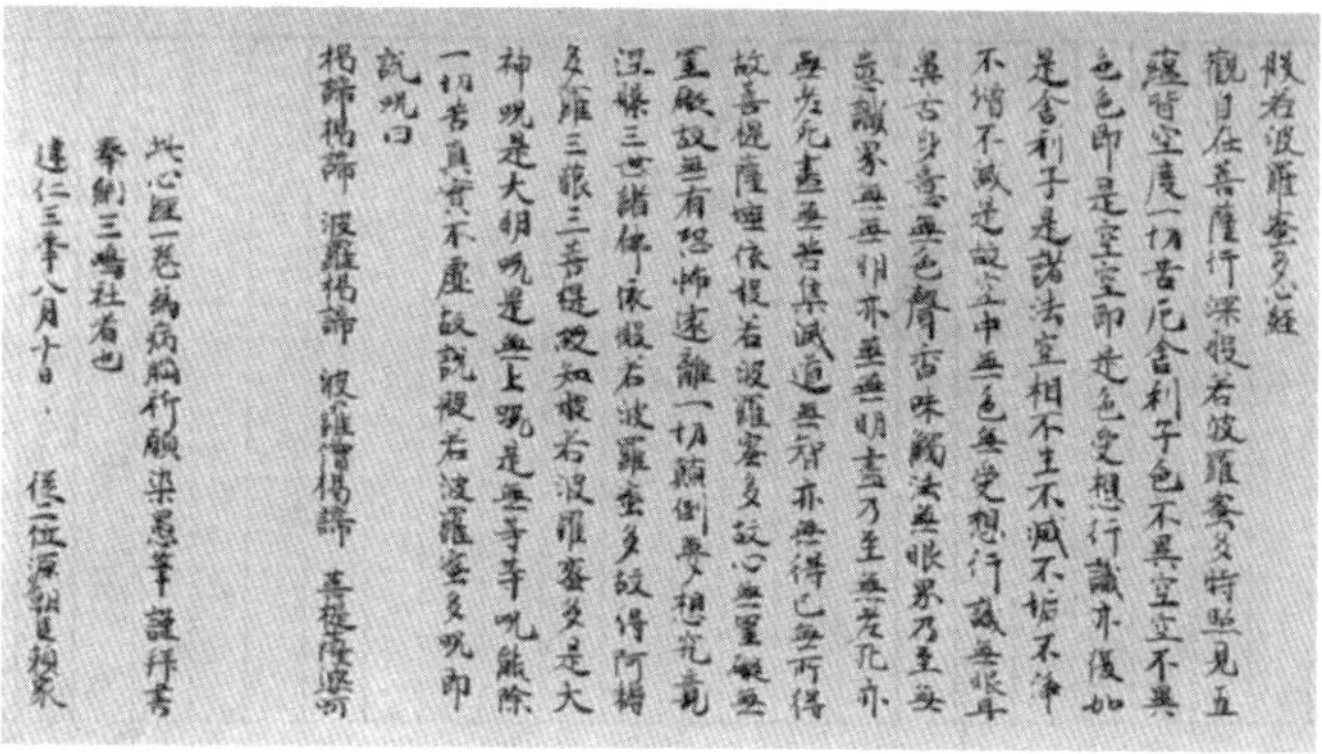

図13　『般若波羅蜜多心経』（静岡県・三島大社所蔵）
比企氏の乱の一月前に病気平癒を祈願した源頼家の奥書がある

を一幡に、関西三十八国の地頭職を千幡に譲ることが決められた。頼朝が後白河院との交渉で獲得した日本国惣守護職を一幡に譲ることが決定したことは、鎌倉殿の持つ役職の根幹を譲ることを意味した。関東二十八国地頭職と関西三十八国地頭職は、鎌倉殿の所領関東御領の分割を示している。この場合、鎌倉幕府の諸機関や寺院に附属された所領（渡領）は除外されているであろうから、諸国に散在する所領を大まかに示した表記なのであろう。それでも、千幡に膨大な所領が譲られることは明白であり、能員が「地頭職を相分つにおいては、威権ふたつに分かれて挑み争うの条、これ疑うべからず」と危惧したのも当然といえる。時政が、千幡の乳母夫としてその政治手腕を発揮したことは認めてよいであろう。一方、能員は外孫一幡の日本国惣守護職継承を承認させたことで、鎌倉殿の地位を確保した。能員が時政に対して不快感を抱いたとしても、優勢の確定した中で一矢を報いられたにすぎないであろう。九月二日の能員の行動は、勝利を確信した者の油断と考えれば理解しやすい。

時政は、比企氏の優位を覆す程ではなかったが、千幡の乳母夫として充分な成果をあげて政治の中枢に入ったといえる。阿野全成は影の薄い存在であったが、時政は手強いと印象づけたのである。この後の政局は、能員が主導する体制となるが、比企氏は時政との意見調整をせずには事を動かしづらくなった。八月二十七日の評定で能員の優位は確定したが、一方で、能員と時政は、ともに充分な勝利を得られない状況で妥協が成立したのである。

この評定の結果、最も立場が悪くなったのは政子である。阿野全成事件の後、外祖父の時政が千幡の乳母夫に就任し、時政の正室牧方（まきのかた）が傅母（ふぼ）に就いた。牧氏は、池大納言頼盛（いけのだいなごんよりもり）の家人（けにん）で駿河国大岡牧の牧司である。牧方と北条政子・義時は継母と継子の関係にあり、時政夫妻と政子は寿永元年の亀前（かめのまえ）事件以来ギクシャクした関係にあった。しかし、北条氏の存亡を賭けた千幡擁立では比企氏という共通の敵に向かい合うことで一致していた。時政夫妻が養親として千幡に影響力を発揮することで、阿野全成夫妻の時のように思いどおりに動かすことができなくなったものの、政子は千幡の生母として親権を保持していた。追い込まれた政子がこの局面を打開するためには、比企氏を滅ぼして政権を掌握するしかない状況になっていったのである。

比企氏の乱

『吾妻鏡』の主張

比企氏の乱は、『吾妻鏡』の主張にもとづく表現である。『愚管抄』の著者天台座主慈円は、この事件を北条時政のクーデターと理解している。『吾妻鏡』と『愚管抄』の違いは、前者は幕府の側に立つ記録から事件の全容を構築したのに対し、後者は京都に移った糟屋有季の遺族から蒐集した情報に基に事件を分析したことである。北条側と比企側双方の言い分が残ったという点で、比企氏の乱は複雑な状況を分析できる興味深い事件となった。『吾妻鏡』と『愚管抄』の理解の根底にどんな差異があるのか、はじめに『吾妻鏡』の記述にしたがって事件の経緯を追っていこう。

事件は、御所の寝所で将軍頼家と比企能員が時政討伐の密談をしたことから始まる。この密談を政子がとなりの局で障子ごしに聞いたというのである。障子で仕切る局は個室とはいいがたく、パーテーションで仕切ったブースをイメージをすればよいだろう。頼家と能員が小声で話したのならともかく、隣の局の政子に聞かれる程の声で話したのなら、この談合は密談とはいいがたい。

　政子は頼家と能員の話の重大性に驚き、すぐに書状をしたため、女房に口上を託して時政のもとに遣わした。時政は路上でこの女房の話を聞き、能員と戦うことを決意した。時政は大江広元亭を訪れ、対応策を相談した。しかし、広元は自分は文官であるからと態度を鮮明にせず、時政に熟慮を求めた。広元亭からの帰り道、時政は天野遠景・仁田忠常の献策を入れて、能員の暗殺を決意する。そのうえで広元を自亭に呼び寄せ、味方に付くことを強要するのである。

　時政は十分な準備をした後、能員を新造の薬師如来供養を行うと名越亭に招待して殺害した。政子はこの報告を聞くと、鎌倉殿頼家が判断力を失った状態にあることを理由に幕府の主導権を掌握し、比企氏の謀叛を宣言して討伐の軍勢を派遣した。比企氏は一幡とともに小御所に籠もり、ここで戦って滅亡した。一幡も、この合戦で焼死したと伝えられる。以上が、『吾妻鏡』に記載された比企氏の乱の顚末である。

『愚管抄』からあぶりだされる問題点

次に、『愚管抄』の記述から『吾妻鏡』の記述が持つ疑問点をあぶりだしていこう。『愚管抄』の特徴は、糟屋有季の動きを中心に小御所合戦を記述したことである。有季は比企能員の婿、娘が一条高能に嫁いで能氏の母となった。慈円は、京都にいた糟屋氏の縁者から比企氏の乱の情報を収集したと推測される。

第一の問題点は、比企氏の乱の当日、頼家はどこにいたのかという問題である。『愚管抄』は、頼家が広元亭で昏睡状態に陥ったと記述する。頼家がそのまま動いていないとすると、頼家と能員が密談した場所と、時政が広元に相談した場所は同じになる。この四人はどこで相談したのであろうか。また、頼家と能員は密談とはいえない大声で話をしている。時政誅殺の謀議は、本当に行われたのであろうか。

第二の問題は、比企氏の謀叛か、時政のクーデターかという点である。『吾妻鏡』には、「謀叛の間、未三剋、尼御台所の仰により、件の輩を追討がため、軍兵を差し遣わさる」と、比企氏の謀叛を宣言した政子の命令で討伐の軍勢が派遣されたと記されている。しかし、『愚管抄』は、「サテ本躰ノ家ニナラヒテ子ノ一万御前ガアル、人ヤリテウタントシケレバ、母イダキテ小門ヨリ出ニケリ、サレドソレニ籠リタル程ノ郎等ノハヂアルハ出ザリケレバ、皆ウチ殺テケリ」と記しており、時政は能員を暗殺した後、手勢を集めて小御所を襲わせたと伝える。『愚管抄』は、小御所に籠もって戦った有季の最期を伝える使者がもたらした情報を元に記述したため、『吾妻鏡』が記すような政子が幕府の実権を掌握して軍勢を派遣した経緯を伝えていない。政子が比企氏の謀叛を宣言して討伐軍を派遣したのか、能員を討った時政が続いて小御所討伐の軍勢（私兵）を動かしたのかが最大の相違点となる。前者の理解に立つなら比企氏の反乱を鎮圧したことになるし、後者の理解なら

図14　妙本寺（『長興山妙本寺誌』より、神奈川県立金沢文庫所蔵）
妙本寺は、比企氏一族鎮魂のために比企能員亭跡に建てられた。寺内の蛇苦止大明神は、怨霊となった讃岐局をまつると伝える

北条時政がクーデターをおこして比企氏を滅ぼしたことになる。

第三の問題は、頼家の嫡子一幡は小御所合戦で焼死したのか否かという問題である。『吾妻鏡』は、合戦の後に乳母が一幡の焼死を確認したという。一方、『愚管抄』は一幡が合戦の前に乳母に抱かれて小御所を出たと記述し、後に北条義時が郎党万年右馬允に殺させたと記述する。一幡は比企氏の乱以前に頼家の後継者と定められていたのであるから、『吾妻鏡』と『愚管抄』は最も重要な人物の記述がくい違っていることになる。これについては、鎌倉末期の幕府側の記録になるが「鎌倉年代記裏書」が『愚管抄』と同じ記述をしていることから、『愚管抄』の方に信憑性を求めてよいであろう。『吾妻鏡』は、「大輔房源性［鞠足］、故一幡君遺骨を拾はんと欲するの処、焼くる所の死骸、若干相交はりて求むる所なし」と正確な確認ができなかったとも記している。その後、乳母が一幡の小袖をみつけたことで、遺骸はこのあたりにあると推測している。『吾妻鏡』の事実認定が甘いのか、意図的に誤った情報を採択したのかは検討課題である。

比企氏の乱の構想

比企氏の乱の直前の状況を復元すると、比企能員は一幡が鎌倉殿の地位を継承することを承認させ、北条時政は千幡が幕府に影響力を残すことのできる財産の継承を承認させた。能員も時政も失敗とはいえない交渉の成果をあげているので、全面衝突は回避されたと考えてよい結果であろう。この交渉で負けたのは、能員の娘若狭局に将軍生母の地位を譲らなければならなくなる政子である。政子は、一幡が家督を継ぐことで将軍家に対する親権を失い、時政の台頭によって千幡に対する影響力も弱めることになる。政子が、政変を仕掛けなければならない理由がそこにあった。

比企氏の乱の起こり方をみてみよう。政子は、頼家と能員が時政討伐の計画を練っていると時政に伝えた。時政は、この話を信じたがゆえに能員を謀殺した。その報告を聞いた後、政子は将軍頼家が昏睡状態にあるとして幕府の指揮権を掌握、比企氏の謀叛を宣言して討伐の軍勢を派遣した。風聞がささやかれ、風聞に集まってきた人々が政子の命令を受けて比企氏討伐を実行する。討伐の主体として動いたのが結城朝光から時政に変わっただけで、梶原景時事件と同じ構図が浮かび上がってくる。景時事件で一方の当事者となった朝光の後ろに政子の思惑が見えたように、比企氏の乱では能員暗殺を実行して後に引けなくなった時政の後ろにも政子のささやきが聞こえてくる。能員暗殺と小御所合戦まで行ってしまった時政の動きは政子の思惑を超えたものかもしれないが、比企氏の乱を構想して時政を唆嗾したのは政子・義時の姉弟であろう。このような駆け引きは、後白河院と渡り合った頼朝の側にいて学習したものではないだろうか。

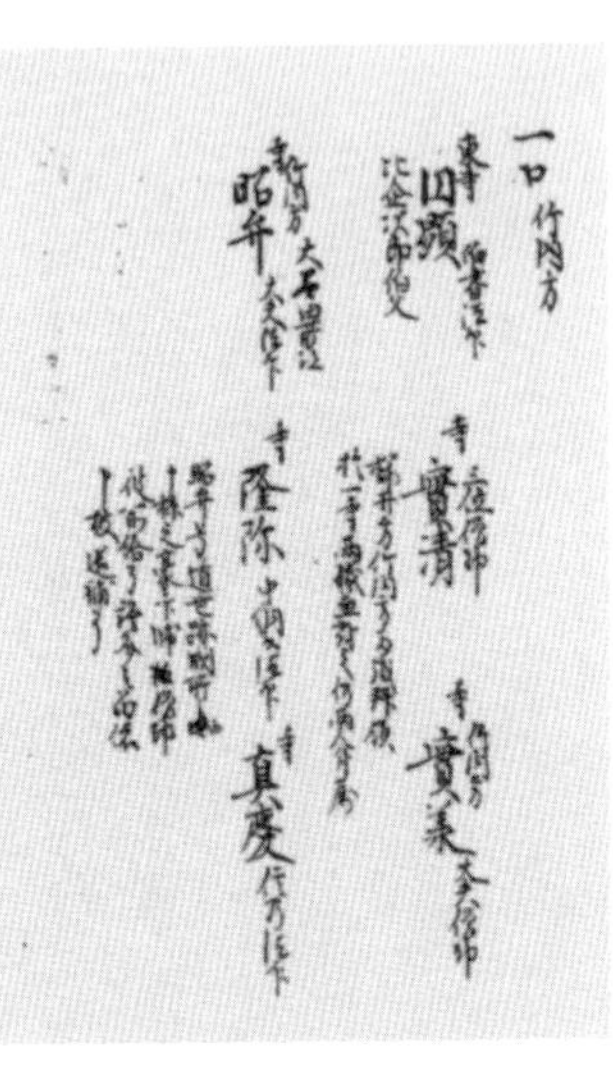

図15　新阿弥陀堂供僧次第
（『鎌倉証菩提寺年中行事』より、国立公文書館内閣文庫所蔵）
比企氏一族の生き残り円顕の名を記す

政子は、頼家と能員が時政を殺そうとしていると伝える一方で、頼家は正常な判断力を喪失しているといって幕府の指揮権を握り、軍勢を集めて比企氏を攻め滅ぼした。この日、頼家は謀議を廻らせられる程、鮮明な意識に戻っていたのであろうか。それであれば、政子は頼家が昏倒しているといって指揮権を掌握できないはずである。時政が広元に相談した時、頼家の病状を熟知する広元は、言質（げんち）を取られない表現をしつつ、時政に「賢慮を廻らせ」と回答した。冷静になって頼家の体調を考えれば、謀略など廻らせられる状態にないと判断できるだろうと諭したのかもしれない。しかし、時政は政子がもたらした風聞によって行動をおこした。

比企氏の乱によって、頼家の支持勢力は壊滅した。政子は意識の回復した頼家を鎌倉殿から退かせ、実朝に家督を継承させた。この手続きを踏むことによって、幕府の最終的な決定権が、将軍生母として後見する政子に帰属していることが明確になった。そのうえで、実朝を乳母夫時政の名越亭に移し、時政を首席とした政権が発足した。時政政権は、政子が時政に権限を委託した政権で、時政の権力は借物でしかなかった。しかし、時政も牧方もそのことに対する自覚は薄かった。それゆえ、幕府政治は将軍生母と乳母夫が対立する次の段階へと移行していくことになる。頼朝・頼家と二代続いた源家将軍主導の時代が終わったのである。

源実朝の時代

北条時政政権

北条氏に擁立された将軍実朝

三代将軍源実朝の政治は、比企氏の乱後に外祖父北条時政が政権を主導した時代と、元久二年（一二〇五）閏七月の牧氏事件で北条政子・義時姉弟が時政を伊豆国北条に追放した後の寡頭政治の時代に大きく分けることができる。北条氏によって擁立された実朝は兄頼家のように有力な支持勢力を持たないため、鎌倉殿として幕府の最上位に位置してはいたが、政治の主導権は母方の親族である北条氏によって掌握されていた。ただ、建保元年（一二一三）に滅ぼされた和田氏や承久の乱で京方についた大内氏のように、実朝に武家の棟梁としてふるまうことを期待する有力豪族がまだ残存していたので、政治から疎外された孤独な将軍かといえば、必ずしもそうではなかった。

実朝を将軍家に擁立したことで政権を掌握した北条氏は、当主と郎党たちの人と人とのつながりを軸とした主従的な集団のまま組織を膨張させていった。そのため、北条家には時政とその郎党、義時とその郎党、泰時とその郎党といった形が残り、大規模な組織を運営するために必要な官僚的な組織に脱皮できないでいた。実朝の時代は東国の気風をそのまま引き継いだ頼家の主従制的な結合を軸とした政権運営から官僚制を中軸にすえた権門への脱皮を図ろうとした時代であるが、結果的には京都志向と受け取られて御家人たちの反発を招いた。

実朝の時代は、鎌倉幕府も北条氏も組織が巨大化し、組織の運営が人と人とのつながりから、官僚制的な運営へと変貌を遂げていくための模索の時代である。鎌倉幕府法が北条時政・義時二代を執事とよび、泰時以後を執権とよぶのは、時政・義時が人としての実朝に仕える将軍家の執事として後見したのに対し、泰時の政治体制が政事・神事の主催者となって象徴化された将軍家に代わって俗事を主導する執権に代わったためである。

図16　源実朝坐像（山梨県・善光寺所蔵）

権力の源泉としての将軍家

近衛家実の日記『猪隈関白記』建仁三年（一二〇三）九月七日条は、京都に届いた比企氏の乱の報告を次のように記している。

> 関東征夷大将軍従二位行左衛門督頼家去る朔日薨去の由、今朝院（後鳥羽）に申すと云々、日者所労と云々、生年廿二と云々、故前右大将頼朝卿子なり、件んの頼家卿一腹の舎弟童［年十二云々］、今夜征夷大将軍に任じ、従五位下に叙す、名字は実朝と云々、院より定めらると云々、上卿内大臣、執筆左大弁と云々、頼家卿子息［年六歳］幷びに検非違使能員［件んの能員は頼家子息祖父］、今大将軍実朝がため去二日に撃たる、後に聞く、頼家卿子息は撃たれずと云々、能員においては撃ち了んぬと云々、

京都と鎌倉の間を駆ける早馬は三日で到着するので、九月二日に鎌倉でおきた政変の結

末が七日に奏上されることに問題はない。しかし、九月七日の一日で主要なことが決まってしまい、後鳥羽院が実朝の字を撰んでいたことなど手回しがよすぎるという疑念の生じるところである。鎌倉からの使者は頼家が九月一日に亡くなったと報告したが、『吾妻鏡』は頼家が九月七日に落飾(らくしょく)し、元久元年（一二〇四）七月十八日に伊豆国修善寺で殺害されたと記している。比企能員を滅ぼした一派は将軍頼家の死去を偽って報告し、実朝への家督継承を朝廷に承認させたことになる。その後、複数のルートから情報が伝わったことで、京都の人々は事実関係を承知したので、『愚管抄(ぐかんしょう)』のような評価が生まれるのであろう。後鳥羽院は、頼家失脚の一件が虚偽報告であったことを問題とせず、実朝の政権発足に協調する姿勢を示した。比企氏の乱を不問に付したことで、恩を売った形である。京都に対する手回しをみても、比企氏の乱は周到に準備されたクーデターの可能性が高い。京都がこの事件を騒がないところをみると、北条氏が実朝を将軍に擁立することは予想された事態だったのであろう。

比企氏の乱後、時政は鎌倉幕府の主導権を掌握した。建仁三年（一二〇三）九月十日、源実朝は政子のもとから時政の名越亭(なごえてい)に移っている。実朝は十二歳、元服しているとはいえ、時政・牧方夫妻が扶育を務めた。御所の変更は、幕府の役人や御家人たちの出勤する場所が名越亭に変わることを意味した。時政は乳母夫として実朝を名越亭に抱え込み、決裁すべき案件を奏上し、将軍実朝から裁可を受けて命令を発布した。この日から、時政単署の関東御教書が発給されるようになる。『吾妻鏡』は、時政の専権を「世上危うきの故」と説明する。「肥後小代文書」に伝わる「関東御教書案」（『鎌倉遺文』一三七九号）をみてみよう。

越後国青木郷地頭職の事、

小代八郎行平

右の人、彼職たるべきの旨、鎌倉殿仰せにより、下知くだんのごとし、

建仁三年九月十六日　遠江守平朝臣　在御判

鎌倉殿が、実朝である。京都の公家や官人が屋敷を構えた土地を通称として九条殿・近衛殿・猪隈殿・月輪殿・久我殿とよばれたのと同様に、鎌倉の将軍家も鎌倉殿とよばれた。これは、時代を越えて用いられる通称である。官職名による場合、源頼朝が右近衛大将から右大将殿、源頼家が左衛門督から左金吾将軍、源実朝が右大臣から右大臣家であった。源家は鎌倉幕府の創設者なので、家長となる者は家人や財産を継承した。源家の家長鎌倉殿が重代の職としたのが、日本国惣守護職であった。後の慣例から幕府の首長を征夷大将

軍と同一視しがちであるが、源家は征夷大将軍の職にこだわっていなかった。

この文書を受け取った小代(しょうだい)氏は、武蔵国比企郡小代（埼玉県東松山市正代）を名字の地とする御家人で、比企能員館の伝承地（東松山市大谷の城ケ谷）とさほど離れていない。小代氏は、比企氏の乱の時に小代行平が北条時政の使者田代藤二から話を聞いて、手勢を率いて名越亭を守護したと家伝を残している（「小代宗妙置文」）。この下知状案は、それに対する恩賞とみてよいのであろう。この文書は、右筆(ゆうひつ)が作成した草案を時政が内覧した後、将軍実朝の判断を仰いで発給した形式をとっている。時政は、後見人として将軍を館に囲い込み、幕府の吏僚が作成した書類を一人の判断で将軍に奏上し、決裁を仰ぐことができた。しかし、時政の専制には強い制約がかかっていた。九月十五日、阿波局(あわのつぼね)は「つらつら、牧御方の躰(てい)を見るに、事に於いて、咲(わら)いの中に害心を差(さ)しはさむの間、傅母(ふぼ)を恃(たの)み難きか、定めて、勝事出来(しゅったい)すかと云々」と、危険な兆候がみられることを政子に進言した。政子はこの進言を受けて、北条義時・三浦義村(みうらよしむら)・結城朝光(ゆうきともみつ)などの腹心を名越亭に派遣し、実朝を迎え取るのである。時政は予想もしない事態に驚き、駿河局を通じて陳謝したので、事なきを得たという。この騒動は、将軍実朝を動かす力があるのは生母政子であり、時政はその権限を預かって行使していることを白日のもとに曝した。九月十五日は、実朝が従五位下に叙され、征夷大将軍に補任されたことを記した除目聞書が鎌倉に到着した日であった。阿波局の進言を受けた政子は、実朝の昇進を祝う慶事を台無しにした。阿波局の耳打ちが、今回もまた単なるうわさ話ですまないことは明らかであろう。

京都守護平賀朝雅

建仁三年十月三日、源家一門の平賀朝雅が京都守護として上洛した。『吾妻鏡』は、平賀朝雅の上洛を「武蔵守朝雅、京都警固がため上洛、西国に所領有るの輩、伴党として在京せしむべきの旨、御書を廻らさると云々」と記している。文官の中原親能では、比企氏の乱によって走った動揺を抑えきれないと判断したのであろう。京都守護は、朝廷との交渉や情報収集などの「耳目」を担当した文官と、京都の治安維持にあたる洛中警固「爪牙」を担当した武家の複数制をとっていた。平賀朝雅の上洛により、京都守護は「耳目」と「爪牙」が並んだことになる。

京都守護として上洛することになった平賀朝雅の後任として、時政が武蔵国務職に任じられ、鎌倉の将軍家の知行国武蔵の行政権を掌握した。十月二十七日、鎌倉殿実朝は、侍所別当和田義盛を奉行として、「武蔵国諸家の輩、遠州（北条時政）に対して弐心を存ずべからずの旨、殊に仰せ含めらる」と伝えた。比企氏は武蔵国比企郡司の家なので、親類縁者は武蔵国から上野国にかけて広がっていた。比企氏を滅ぼした時政が国務を掌握して乗り込んでいくことは、比企氏の縁者との衝突が避けられないと予想されたうえでの将軍実朝の命令である。

頼朝の時代、知行国主将軍家―国守平賀氏―惣検校畠山氏という命令系統で武蔵国の統治が行われた。平賀氏の世代交代は源家将軍と同時期で、将軍頼家―武蔵守平賀朝雅―惣検校畠山重忠に代わっていた。畠山重忠は、この職を重代としてきた秩父氏の一族で、源義経の舅として義経挙兵の罪を問われた河越重頼の後任としてこの職に補任された。畠山重忠は、畠山家重代の郎党、秩父氏の棟梁として率いることのできる武士団、武蔵国衙を通じて軍勢催促できる国侍と多くの軍勢を動かせる立場にあった。比企氏は比企郡司として国衙行政に関わった地方豪族なので、国棟梁として実力を誇る畠山重忠傘下の武士団には比企氏の縁者児玉党の人々も含まれていた。時政が国務を引き継いで比企氏の乱の戦後処理を行おうとすれば、有力在庁畠山重忠と厳しく対立することになるのはある種必然といえる流れであった。

後鳥羽院と平賀朝雅

後鳥羽院は、上洛した平賀朝雅を上北面に取り立てた。院の北面には、五位以上の位階を持つ諸大夫が出仕する上北面と、六位の位階を持つ侍が出仕する下北面があった。北面に祗候する者は、弓馬の芸に堪能な武者や武官ばかりではなく、院御所の祗候して宿直(とのい)や行列の供奉(ぐぶ)などを勤める人々もいた。平賀朝雅は武蔵守従五位下の官位を持つ上北面で、院中の雑事(ぞうじ)に奉仕することになったのである。

元久元年（一二〇四）正月、後鳥羽院の水無瀬(みなせ)御所に出仕していた平賀朝雅は御前に召され、院殿上人(いんのてんじょうびと)に加えられた。これによって、朝雅は後鳥羽院殿上人と鎌倉殿実朝の一門というふたつの立場を持つことになった。

同年二月、伊勢平氏の本拠地であった伊賀・伊勢両国で地元に残っていた平氏の残党が蜂起し、守護山内首藤経俊(やまのうちすどうつねとし)を国外に追い落とした。三月十日、幕府は京都守護平賀朝雅に対して謀叛人追討の命令を下した。後鳥羽上皇もまた、朝雅を追討使に任命し、伊賀国を知行国として給わった。朝雅は伊賀国衙に対して軍勢催促や兵粮米徴収を命ずる権限が与えられた。朝雅は、院政と幕府の双方から追討命令を受けて軍勢を動かしたことになる。

朝雅は、平氏与党が守りを固める鈴鹿関からの進撃を避け、美濃国から尾張国に迂回して伊勢国に攻め込んだ。朝雅が鎌倉に送った報告から、合戦の様子をみてみよう。

> 廿一日甲寅、晴、武蔵守朝雅飛脚到着し、申して云く、去月廿三日出京、爰(ここ)に伊勢平氏等は鈴鹿関所を塞ぎ、険阻を索(もと)むるの際、縦(たと)へ合戦を遂げざると雖(いえど)も、人馬通り難

きにより、美濃国に廻りて、同廿七日伊勢国に入りて計議を凝らす、今月十日より同十二日に至り合戦す、まず進士三郎基度の朝明(あさけ)郡富田の館を襲い、挑戦剋(とき)を移す、基度弁びに舎弟松本三郎盛光・同四郎・同九郎等を誅す、次いで、安濃郡において、岡八郎貞重及び子息伴類を攻撃す、次いで多気郡に到り、庄田三郎佐房、同子息師房等と相戦い、彼の輩遂にもって敗北す、また河田刑部大夫を生虜る、およそ狼唳(ろうれい)両国に靡(なび)くと雖も、蜂起三日を軼(す)ぎず、件の残党猶伊賀国に在り、重ねてこれを追討すべしと云々、

（『吾妻鏡』元久元年四月二十一日条）

伊賀国の合戦は記録が残されていないので詳細が明らかでない。六月十日、幕府は三日平氏の乱の勲功賞を行った。山内首藤経俊は逃亡の責任を問われて伊賀・伊勢両国守護職を解任、追討にあたった平賀朝雅が新たに補任された。朝廷もまた、知行国主平賀朝雅の推挙を受けて里見義成を伊賀守に補任した。十一月一日、朝雅が右衛門権佐に昇進した。京都守護平賀朝雅は、鎌倉幕府の京都守護と院近臣の道を両立させる道を歩み始めたのである。

平賀朝雅は、鎌倉幕府の京都守護・伊賀守護・伊勢守護、朝廷の伊賀国知行国主を勤めた。平賀・大内の一族は信濃国佐久郡を本拠地とする源氏であるが、国棟梁となるような

大豪族とは考えがたく、平賀義信が頼朝の抜擢を受けて武蔵国守護となったことで有力豪族の仲間入りをした。信濃国は名字の地であっても、在地の勢力を掃討した伊賀・伊勢両国は平賀氏が根拠地としやすい国だったのであろう。幕府が京都駐留を命じた在京御家人は、国司（こくし）・検非違使（けびいし）・衛府（えふ）などの朝廷の官職をつとめることで後鳥羽院とのつながりを深め、院の武力としても活動するようになった。実朝政権と後鳥羽院政が協調路線をとることで、在京御家人は幕府の京都駐留軍と院政政権の京の武者を兼ねる存在となっていったのである。

北条政子・義時政権の成立

畠山重忠事件と牧氏事件

北条時政の正室は、池大納言頼盛の家人牧宗親の娘である。牧氏は駿河国大岡牧を名字の地とする一族で、時政と牧方との間には建久二年（一一九一）に政範が誕生した。時政の嫡子は、治承四年（一一八〇）の石橋山合戦で討死した宗時であった可能性が高い。四郎義時は、江間を名字としている。北条と江間は狩野川を挟んだ対岸にあるが、狩野川が決壊した時には江間側の低地に水が流れ込む。北条氏の館は狩野川が決壊した時に尾根と微高地に守られる守山の北麓に建てられていた。江間を通称とした義時は、早くに分家を立てているがゆえに、頼朝の側近として活動したと考えてよいのであろう。時政は庶長子として義時を扱い、元久元年に京都で病死した左馬権助政範を嫡子とするつもりだったと推測できる。

元久二年の畠山重忠事件と牧氏事件は、比企氏の乱の戦後処理で動揺する武蔵国の運営をめぐる北条氏と畠山氏の対立が鎌倉の政局に波及し、それが北条政子・義時姉弟による時政の追放にいたる政争にまで発展したと考えてよい。時政と畠山重忠の対立は、比企氏の与党で畠山氏の郎党ともなっていた児玉党の人々をどうするかという戦後処理の問題でお互いに譲れなくなっていた。しかも、先任の平賀氏は畠山氏を武蔵国の有力在庁として重んじてきたが、時政はこれを機に武蔵国に勢力を伸ばそうと考えていたので、畠山氏は不満を募らせていた。将軍実朝の正室を迎えるために上洛した畠山重保と平賀朝雅はこの問題が発端となって酒宴の席で口論したが、時政の娘婿である朝雅は畠山氏に協力しがたかったのである。

この時期、時政が秩父一族の稲毛氏と接触したのは、畠山重忠の後任に稲毛重成かその弟榛谷重朝を考えていたためであろう。榛谷重朝であれば、弓馬の名人として幕府の儀礼で活躍していたので、畠山重忠の跡を受けられるであろう。一方、義時は時政が畠山重忠を謀叛の咎で討伐することに反対した。牧氏が主張する謀叛の咎に明確な証拠がないので、重忠の真意を問い糺すべきだとの主張である。重忠は、頼朝から謀叛の嫌疑をかけられた

図17　菅谷館跡（埼玉県立嵐山史跡の博物館提供）

時も「謀叛を企てんと欲するの由風聞は、還りて眉目（びもく）と謂うべし」（『吾妻（あずま）鏡（かがみ）』文治三年十一月二十一日条）とうそぶく肝の据わった人物である。元久二年六月二十二日も、義時が率いる討伐軍は二俣（ふたまた）川で旅装の畠山重忠の行列と遭遇したが、重忠は旅装のまま隊列を鎌倉へ向けて進めた。戦闘態勢をとった討伐軍は重忠を討ち取ることができたが、その勝利は疑問の残る後味の悪いものとなった。

　討伐に加わった人々の疑念が晴れないのをみて、義時は時政に対して報告をしながら事実関係を今一度確認していった。時政が言葉を失ったことで、重忠の罪科が冤罪ではないかという疑念はさらに強まっていった。一方、三浦義村にとっては畠山重忠討伐は治承四年（一一八〇）の衣笠合戦で亡くなった祖父三浦義明の敵討ちであった。畠山重忠謀殺が稲毛重成の讒言に端を発するものとされたことで、三浦義村はためらわずに榛谷重朝とその子供たちを討ち取った。

鎌倉幕府としては、畠山重忠を謀叛の嫌疑で誅殺してしまった以上は、罪人であるとの立場を変えなかった。将軍実朝がまだ幼少であることを理由に、尼御台所北条政子は主導権を握り、七月八日・二十日の二日にわたって、恩賞の沙汰が行われた。これはすべて、畠山与党の所領であるという。時政が執権として発給した文書は元久二年閏七月十二日まで確認できるので、政権はなんとか持ちこたえているものの、主導権は政子に握られていたと考えてよい状態である。

畠山重忠謀殺は稲毛重成の謀計であるとされたが、畠山重忠とその与党の所領は没収され、恩賞として人々に授けられた。名誉と財産の回復がなされなかったことにより、秩父一族の畠山氏は解体されたのである。

重忠謀殺の一件から一月がたって、北条政子・義時は時政政権にとどめをさすべく政変を仕掛けた。閏七月十九日、牧方が実朝を廃して平賀朝雅を将軍につけようと陰謀を廻らせているという風聞が立って騒動がおきた。この話を聞いた政子は、長沼宗政以下の御家人を名越亭に派遣、将軍実朝を迎えた。この件を聞いた時政は観念して出家を遂げ、翌日伊豆国北条の館に隠居するため鎌倉を離れた。その後、義時が執権に就任すると、義時は平賀朝雅誅殺を命ずる使者を京都に派遣した。同二十六日、後鳥羽上皇の御所に出仕していた平賀朝雅は討伐の軍勢を向けられたことを知り、六角東洞院の館での合戦後に、松坂で山内首藤通基に射落とされた。この合戦は京都の市街地で行われたため、話を聞いた藤原定家が『明月記』に詳しく記述している。

この事件で時政が失脚、北条家の家督は分家の江間義時に移ることになった。武蔵国でも畠山氏・稲毛氏が滅亡し、北条時房が武蔵守に就任した。時房は武蔵国を守護が御家人を束ねる通常の組織に改める一方で、鎌倉にいる国司の命令で国衙が動くように留守所の再編を行った。この改編で秩父一族が重代の職としてきた留守所惣検校職は空席とされた。嘉禄二年（一二二六）に河越重員がふたたび補任されたが、在庁を束ねる重職として残ってはいたものの、河越重頼・畠山重忠のように国衙軍制を使って軍勢を動かす平安時代の留守所惣検校からみれば、権限は大きく縮小されていた。

畠山重忠事件・牧氏事件は、武蔵国の支配権をめぐる北条氏と地元の勢力との確執、北条氏の嫡流交替を促す内訌のふたつの側面を持っていたのである。この事件によって、北条政子・義時姉弟が鎌倉幕府を主導する寡頭政治が始まった。

源実朝の京都志向

二代頼家が弓馬の芸に励んで武家の棟梁たらんとしたのに対し、三代実朝は下野国御家人長沼宗政が「当代は歌鞠をもって業となし、武芸廃るるに似たり」(『吾妻鏡』建保元年九月二十六日条)と言い放つ程に和歌と蹴鞠を好み、京都の文化に対する強い志向性を示した。蹴鞠を好んだことは、頼家も共通している。蹴鞠については、狭い御所の空間の中で行える運動として、公家も武家も好んで行っていた。深読みかもしれないが、実朝の京都志向には、鎌倉の武家社会の中の孤独から逃れたい現実逃避がかぶっていたことも推測してよいだろう。

実朝が将軍家を継いだ翌年、元久元年正月十二日には源仲章を侍読として読書始が行われた。仲章は、宇多源氏の出身で、博士家の菅原長守について文章道を学んだ。彼の父源光遠は後白河院の近習として活躍した受領で、九条兼実は仲章が方略宣旨の対象となった時、起家(新たに家を起こす)と記している。宇多源氏は文章道を専門とした博士家ではないので、そのまま京都で活動していれば、仲章は文章博士や大学頭といった文章道博士家が勤める専門の官職にはつけなかった。仲章を師と仰ぐ実朝の推挙により、仲章は文章博士・大学頭・順徳天皇侍読などの要職に就いていった。実朝は、学問の師であると同時に腹心として仲章を重んじたのである。北条氏としても、仲章が学者としてふるまっている限りは問題となる存在ではなかった。

元久二年、実朝は、正室に後鳥羽院政の重臣権大納言坊門信清の娘（後の西八条禅尼）を京都から迎えた。鎌倉の宿老たちは足利義兼の娘を考えていたが、実朝が承認しなかったことで縁組は不成立となった。同年十二月十日、将軍家御台所は鎌倉に到着した。坊門家と姻戚になったことで、実朝は京都の文化人との交流の幅を広げていくことになった。

二代将軍頼家は和歌に関心を持たなかったので、将軍家の周囲で和歌会が開かれることはなかった。実朝と和歌の世界を結びつけていく最初の人物は、藤原定家の門弟内藤右馬允知親である。内藤知親の和歌は、定家の推薦によって「読み人しらず」として『新古今和歌集』に入集している。知親は自分の和歌が入集したことで『新古今和歌集』を書写し、実朝の元に送っている。その後も、知親は実朝の詠んだ和歌を定家に届けたり、定家の歌を実朝に届けたりと仲立ちをつとめた。その後、定家は歌集や和歌に関する文書を飛鳥井雅経や在京人村上頼時に託したりと、実朝の指導に意を注いでいった。

また、頼家は後鳥羽院の推薦を受けた紀行景を蹴鞠の師として迎えたが、比企氏の乱によって京都に帰ることになった。頼家に仕えた蹴鞠の上足（じょうそく）源性や行景は比企氏の乱後に帰京したので、頼家・実朝の二代にわたって蹴鞠の相手をつとめたのは北条時房ぐらいであった。飛鳥井雅経と大江広元は姻戚だったので、歌鞠（かきく）の家飛鳥井家が鎌倉と交流を持つようになっていた。飛鳥井雅経の兄難波（なんば）宗長は蹴鞠の上足なので、甥の出雲守長定が建保元年に鎌倉に下向し、実朝の御所に祇候していた。

実朝が歌鞠に代表される京都の公家文化を好んだことで、実朝の周囲に歌鞠をともにする側近が形成されていった。建保元年二月二日には、将軍家の学問・芸能の相手を交代で勤める学問所番が編成された。実朝の周囲には、源仲章・内藤知親・源光行・東重胤（とうのしげたね）・和田朝盛・宇都宮朝業などの詩歌に通じた近習が形成されていった。北条氏の一門や政所別当大江広元（おおえのひろもと）・親広（ちかひろ）父子など、幕府の重臣たちも和歌会に出仕するようになり、実朝の将軍御所で仕事をするためには教養・芸能としての詩歌や蹴鞠が求められることになった。

比企氏の乱で捕らえられて囚人となった渋河兼守が和歌を献じて実朝の恩免を得たのも、実朝の和歌好きが影響している。下野（しもつけ）国御家人長沼宗政が、「当代は歌鞠をもって業となし、武芸廃るるに似たり」と憤ったのも、実朝が頼朝・頼家のように鷹狩りや弓馬の芸を重んじなかったためである。武家の棟梁として弓馬（きゅうば）の芸をもって御家人との一体感を持とうとしなかった実朝に対する御家人たちの信望は、揺らいできていたのである。

このような状況の中で、実朝の私家集『金槐和歌集』が形成された。この歌集は建保元年までの実朝の和歌を編纂したもので、金槐が鎌倉右大臣を意味することから、書名は後からつけられたことがわかる。『万葉集』や『新古今和歌集』の影響が強く出ているという。実朝がこれらの歌集の影響を受けたこと、側近の内藤知親が藤原定家の門弟であった事を考えれば、定家の和歌の流儀が実朝に流れ込むのは自然であろう。勃興する辺境の都市鎌倉に才能の華開いた歌人として実朝は孤高の存在なのであろう。

和田合戦から実朝暗殺へ

和田義盛と国司

源実朝が和歌や蹴鞠に没頭したのは、政事は行っても、政治は行わない鎌倉の首長となったためである。政治の主導権は、後見を務める北条政子・義時と、鎌倉幕府の草創から政務をみてきた宿老大江広元、政子の腹心二階堂行光、北条義時の姻戚三浦義村が中心となった寡頭体制へと移行していった。問注所執事として司法を担当する三善康信は、その職務上中立を旨とした宿老として重きをなしていた。

しかし、実朝が成長してくると、後見を務める北条政子・義時以下の宿老たちと微妙な意見のズレがみられるようになった。比企氏の乱から牧氏事件の頃の鎌倉幕府には、将軍家を後見する政子の意思決定「尼御台所御計」がみられるが、実朝が成長して政務を聴断するようになってくると北条氏と距離を置く人々が実朝と直接結びつこうと動き出した。

北条氏を中心とした勢力が鎌倉幕府を主導するうえで、独立系として残った最後の有力者が侍所別当和田義盛である。和田氏は、長寛二年（一一六四）に義盛の父杉本義宗が安房国長狭城を攻めて討死したことからも、早くから対岸の房総半島に進出していたことがわかる。三浦半島と房総半島は視認できる距離にあり、東京湾も怒田城のある久里浜以北は内海なので、悪天候で海が荒れていなければ船で安全に移動できる。

承元三年（一二〇九）、和田義盛が上総介への推挙を実朝に求めた。和田義盛は、頼朝の挙兵に加わった鎌倉幕府草創以来の御家人で、侍所別当を務めた要人であった。最後の名誉として、上総国の国司補任を望んだのであろう。この話を聞いた政子は、頼朝が定めた先例では侍受領を許さなかったといって和田義盛の申し出を認めなかった。

この問題については、背後の事情を考えてみる必要がある。実朝は、和田義盛の上総介補任を問題なしと考えている。実朝政権と後鳥羽院政は協調関係にあり、鎌倉幕府の在京人は御家人と朝廷の武官を兼務していた。朝廷の除目の用語としての侍受領は、正六位上の位階で国司に補任することで、高橋氏が重代の例とした志摩守が先例としてあげられる。この場合、和田義盛を正六位上の位階のまま補任させれば侍受領となるが、実朝が従五位下への昇進と国司補任を同時に行えば侍受領とはならない。実朝政権が朝廷の官職へ補任されることに否定的でないのは、平賀朝雅が鎌倉幕府の判断を仰がずに、後鳥羽院の仰せのままに院殿上人や伊賀国知行国主となることを問題としていないことから明らかであろう。承元二年に東重胤が実朝の許可を得て上洛し、蔵人所所衆を勤めたのは、実朝の側近として鎌倉に常勤していたためであろう。

頼朝の場合、後白河院政との厳しい政治的な対立関係があった。後白河院は治承・寿永の内乱で壊滅的な状況になった京の武者を再建するため、鎌倉幕府の御家人を朝廷の官職に補任して取り込もうとした。頼朝は、この動きが鎌倉幕府を切り崩すことになると警戒したので御家人の自由任官を厳しく制限した。これは元暦・文治の政局の中でおける特殊な条件で、公武協調を掲げる実朝の時代とは情勢が大きく異なっていた。

実朝の時代、平賀朝雅・小野義成・五条有範・後藤基清など在京を命じられた人々は京官や検非違使尉を勤めて昇進していた。鎌倉でも、北条氏や文官は国司を勤めていたし、朝廷とのつながりを保ち続けた常陸国守護八田知家も筑後守に補任された。その間、坂東武者の気風を色濃く残す和田義盛は侍所別当の仕事を続けていても、官位は正六位上の左衛門尉であった。長年の功績に対する恩賞という意味で、最後に名誉の職として国司になりたかったのであろう。実朝政権が後鳥羽院政との協調路線をとる中で政子が、義盛の申請に対し、頼朝が侍受領を許さなかったことを理由に、許可しなかったのは時代錯誤の判断といえる。和田義盛の五位昇進を許さない理由は、別にあると考えた方がよい。

承元三年十一月十四日、北条義時は年来の郎党（ろうとう）たちに侍に準じた待遇を与えるよう実朝に奏上した。実朝は、このことを認めると御家人との間で将来問題が起きるのでと許可しなかった。将軍家からみて陪臣となる北条義時の郎党を御家人に準じて扱ってほしいという申請なので、和田義盛の一件を却下した以上は、これを通すわけにはいかないと考えたのであろう。実朝が自らの判断でこれを否定したことは、政務に対する意欲がなかったわけではないことを示している。

和田合戦への道

実朝が自らの判断で政務を行うような年齢に達したこと、実朝を支持する有力者として和田義盛が残っていること、実朝の意向として源氏の一門の登用が始まったことなど、北条氏の色を薄めようとした気配は確かにみられる。しかし、源家将軍に忠実であるために実朝の周囲に集まった人々が、実朝を擁して北条氏に対抗しようとしたのかといえば、それはまた違うように思われる。代表的な勢力は、源（げん）

家一門の大内惟義・惟信父子や侍所別当和田義盛であった。文官や文化的素養のある御家人としては、源仲章・源光行・東重胤・塩谷朝業・内藤知親などの近習の名が浮かんでくるが、北条氏が一目置くような政治力のある人々ではなかった。しかも、大内氏は在京を命じられており、鎌倉を離れていた。実朝を慕う人はいても、政治的にまとまらないところに将軍実朝の無力さがあったといえる。

そのような中で、建暦三年（一二一三）二月十六日、頼家の遺児を擁して実朝と義時を討とうとする信濃源氏泉親衡の陰謀が露見した。泉氏が鎌倉幕府の中枢とどのようなつながりを持っていたのかは明らかでない状況の中で、泉親衡が張本百三十余人、伴類二百人といった多くの与党を集められた理由はわからない。信濃国の豪族は木曽義仲の挙兵に与した者が多く、頼朝から冷遇された。二代将軍頼家が義仲の娘を妻に迎えた縁で中野氏のように将軍御所に出仕する御家人もあらわれたが、敗れし者という不満は根強かったのであろう。泉親衡の誘いを受けて信濃国の豪族が、反主流となった頼家の遺児を擁して反乱を起こそうと考えるのはわかりやすい話である。『吾妻鏡』の記述はこの線にそっているが、「鎌倉年代記裏書」は和田氏が畠山氏・比企氏の縁者と語らい、頼家の遺児千手（後の栄実）を擁立しようとしたと読める。政子・義時主導の体制で苦境に立つ和田一族が、公家文化への傾倒著しい実朝を北条氏とともに排除し、頼朝のように武家の棟梁としてふるまおうとした頼家の遺児を擁立しようとしたと考えることもできる。最初に捕らえられた安念は別として、泉親衡や園田成朝が鎌倉を脱出できたのは、彼らが手先にすぎなかったためであろう。

和田合戦

和田義盛とその一族が、源家に対して忠実なことは疑いがない。そのことと、政権を運営する梶原氏・比企氏・北条氏の意に従うことは別である。和田義盛は、頼家の後見梶原景時（かじわらかげとき）と侍所別当職をめぐって厳しく対立したので、結果として頼家政権打倒に手を貸した。だから北条氏と親しいのかといえば、実朝に対しては忠実であるが、北条氏とは距離を置いた独立系の勢力としてふるまっている。そして、上総介補任の問題で実朝が政子に抑えつけられていること、北条氏が和田氏と協調していく考えのないことを確認したのであろう。ここに、泉親衡事件とその処理をめぐる和田氏と北条氏の対立、和田合戦への道が開かれていく。

泉親衡事件の処分で争点となったのは、泉親衡を張本としてトカゲの尻尾（しっぽ）切りをするか、和田氏まで含められるかであろう。上総国伊北庄（いほうのしょう）にいた和田義盛は、鎌倉に戻り、捕らえられた一族の人々の宥免（ゆうめん）を求めた。その結果、三月八日には義直・義重二人の罪科が赦されたが、和田胤長は認められなかった。翌九日、和田義盛は一族九十八人を率いて将軍御所に参上、胤長の免許を求めたが、胤長は張本であるとして認められなかった。十七日には和田胤長は陸奥国岩瀬郡に流罪となった。二十五日、義盛は没収された胤長の荏柄天神前の館を給わるよう五条局を通じて将軍実朝に奏上、同意をもらった。しかし、四月二日にこの合意は覆され、義時がこの館を給わることになった。和田義盛と北条氏との対立は決定的となり、五月二日に和田合戦が起きるのである。

五月二日申刻、和田義盛一党は館を出て将軍御所を急襲した。その際、御所に隣接する大江広元亭・北条義時亭も襲われている。大江広元は酒宴の最中、北条義時は囲碁会を催していたというから、完全な急襲だったのであろう。和田義盛の軍勢は、将軍御所を南門・政所・北条義時亭・西門・北門と東側を除く三方から攻撃した。この軍勢は和田義盛の親戚・朋友と表現されるが、伊豆・相模・武蔵の御家人が多く、鎌倉幕府草創以来の御家人が数多く名を連ねている。和田方が御所に突入して将軍実朝を掌中に収めるのに失敗したころ、事件を聞いた人々が源実朝を守るために動き始めた。御所を守る人々は必死の防戦をしたが、酉刻、ついに朝夷奈義秀の軍勢が惣門を破って御所の南庭に突入した。そこで、実朝は右大将家法華堂に避難した。一方、和田方の軍勢に阻まれて御所に駆けつけられない人々は、背後から和田義盛の軍勢に攻めかかった。武田信光は、若宮大路米町口から和田義盛の軍勢を攻めている。合戦は、和田氏の先鋒が将軍家のいる御所と法華堂に向かって攻めかかり、御所に駆けつけられない軍勢が和田方の軍勢の背後を若宮大路米町口・大町大路から攻める形になった。和田勢が息切れしてきたところで北条方が有利になったが、三日寅刻、横山介時兼以下の軍勢が和田義盛方の援軍として腰越から若宮大路に入る形で到着し、若宮大路の武田信光の軍勢をさらに背後から攻める形になった。これで

図18　毘沙門天立像（神奈川県・清雲寺所蔵、横須賀市史編纂室提供）
和田合戦の際、和田義盛のために敵の矢を受けとめたという寺伝をもつ

両軍の陣営が乱れ、稲村ヶ崎から武蔵大路・右大将家法華堂にいたる一面で混戦となった。五月三日酉刻、和田義盛・義直父子が討たれたことで勝敗は決した。五月二日申刻から三日酉刻にいたる長い戦いであったため、両軍に駆けつけた御家人は多いだろう。和田義盛が将軍御所を急襲した時は百五十騎と記されているが、朝夷奈義秀は五百騎の軍勢を軍船六艘に乗せて退却したという。

この合戦でも、将軍実朝は北条氏と和田氏との対立に挟まれた権力の源泉としての玉であった。和田氏の深い関与なしに泉親衡事件が大きく広まることはなかったのであろう。また、和田氏の影響力が大きいゆえに、泉親衡事件はトカゲの尻尾切りが行われたのであろう。義時としては、その面子（めんつ）にかけて完全な尻尾切りを阻止すべく、和田胤長の処分だけは強行したと思われる。一方で、和田義盛は一族の惣領の面子にかけて事件の余波を小さくすべく、実朝に働きかけていった。実朝は、和田義盛を宥（なだ）めて対立を回避させようとした。しかし、武威を持たない将軍家は、権威のみで人を動かせなかった。頼朝・頼家であれば、自らが軍勢を指揮するといったろう。しかし、歌鞠を好む将軍は、頼朝の墓前で幕府の重臣や女房に守られて合戦の展開をながめていた。

天台宗の本山比叡山延暦寺と教義論争の末に正暦四年（九九三）に袂を分かって園城寺に本拠地に構えた寺門派は、園城寺の衰退が顕著となる建武三年（一三三六）の園城寺焼討ちまで幾度となく、延暦寺との抗争を繰り返すことになった。地形から考えても、延暦寺の僧徒には本寺から園城寺の別院如意寺を落として山上から攻め下る道と、坂本から平地を南下して浜から攻める道があった。延暦寺と園城寺では公称において集めることのできる僧兵が一桁違うため、延暦寺が実力行使に出られると防ぎきれないという事情が園城寺にあった。それゆえに、園城寺は京都・鎌倉の権門との関係を密にし、延暦寺が実力行使に出られない政局をつくっていく努力を怠らなかった。

建保の園城寺造営

建保の園城寺焼討ちは、建保二年（一二一三）四月十四日の日吉社大祭でおきた闘乱事件が発端となり、報復に出た両寺の悪僧が事件を拡大させ、合戦が園城寺の寺内まで及んだという。後鳥羽院は、この事件の過失は園城寺側にあるとしたので、朝廷は園城寺の復興に協力しないことになった。園城寺はこの裁定に不服であり、東大寺をはじめとした南都や京都の権門寺院と結んで、延暦寺凶徒の追捕と処分を求める圧力をかける一方で、鎌倉幕府に対して財政面での支援を求めてきた。

これに対し、源実朝は大内惟義と大江尚友を造営の惣奉行とし、宇都宮頼綱をはじめとした十八人を雑掌に任じた。大内惟義は源家一門の宿老として全体を差配し、文官の大江尚友は園城寺造営の事務方を務めた。鎌倉側の担当者として将軍源実朝の指示を受けて動いたのが、大学頭源仲章である。大内惟義と源仲章が中心となって運営されたことは、園城寺造営が実朝の意思によって遂行されていったことを示唆している。醍醐寺の『諸尊道場観集』紙背文書にある大江尚友書状をみると、「唐院日時勘文、□日可付大学頭□御文給て、可令□進候」と、仲章と書状をやりとりしながら園城寺唐院の日程を調整していたことがわかる。

この園城寺造営は、実朝が将軍家の威信をかけて行った最後の事業となった。

公暁の執念と夢想

鎌倉殿実朝には、後継者となる男子が誕生しなかった。それだけに、源家の惣領として討ち滅ぼした兄頼家の遺族をいかに処遇するかという問題は、ひとつ間違うと幕府の根幹を揺がす危険な要素をもっていた。

頼家の嫡子一幡は、乳母に抱かれて小御所を出たので比企氏の乱を生きのびることができたが、建仁三年（一二〇三）十一月三日に北条義時の郎党万年右馬允の手で殺害された。これによって、比企氏と縁のある男系の子供たちは断たれた。一幡の乳母夫仁田忠常は比企氏の乱で北条時政に味方したにもかかわらず、その後の不可解な成り行きの末に滅ぼされた。北条氏は、比企氏の関係者を許さなかった。

頼家には、比企氏を母とする一幡以外にも、辻殿（賀茂重長娘）を母とする公暁（一二〇〇～一九）、頼朝の右筆一品房昌寛の娘を母とする栄実・禅暁、木曽義仲の娘を母とする竹御所などの子供たちがいた。

政子は、公暁を僧籍に入れて鎌倉に置き、一族の鎮魂に当たらせようとした。公暁の母辻殿が頼家の室として扱われたのは、頼家政権が崩壊した後に、頼家の家族をまとめる後室の立場に立ったためであろう。頼家が暗殺された修禅寺の本尊大日如来像に納められた頭髪は、承元四年（一二一〇）に落飾した辻殿のものと推定されている。

公暁は、元久二年（一二〇五）に鶴岡社務尊暁のもとに入門した。乳母夫は、三浦義村である。建永元年（一二〇六）には、三代将軍実朝の猶子となった。建暦元年（一二一一）九月五日、公暁は鶴岡社務定暁のもとで落飾した。その後、定暁とともに園城寺に上り、定暁は公胤から伝法灌頂を受け、公暁は授戒を受けた。これによって、公胤―定暁―公暁の法脈が形成され、公暁は天台宗寺門派の僧として公式に活動することになった。

公暁が鶴岡社務として初めて神拝を遂げたのは建保五年（一二一七）十月、園城寺で六

図19　大日如来坐像（静岡県・修禅寺所蔵、伊豆市観光協会修善寺支部提供）

年間修行した後のことである。しかし、鎌倉に戻った公暁は髪を伸ばし始め、見る人に異形の姿をさらしていった。還俗のために、髪を伸ばし始めたのであろう。公暁が実朝を父の仇と考えることに不思議はないので、鶴岡社務に就任して鎌倉に戻る時から、実朝を暗殺して鎌倉殿の地位を継ごうと考えていたと思われる。

園城寺にとって、公暁を受け入れたことは災厄であった。鶴岡社務は、河内源氏と園城寺のつながりによって円暁・尊暁・定暁と寺門派が占めてきた。また、園城寺は以仁王挙兵に協力したことで大きく傷ついていたので、前園城寺長吏公顕は頼朝と協力関係を築くことで政治的にも経済的にも支持を受けようとした。そこで、公顕・公胤の法流は源家将軍の依頼を受けると鎌倉に下って法会や祈禱を行った。この結びつきのうえで、定暁への伝法灌頂・公暁の入室が行われたのである。その意味で、公暁は源家と園城寺が密接に結びついていることを示す象徴となる存在であった。しかし、公暁は将軍実朝暗殺を実行し、園城寺長吏公顕の法流と鎌倉幕府の関係を全部壊してしまった。

公暁は園城寺で修行していたため、御家人の考え方や、鎌倉の武家社会の慣習には疎かったのであろう。鶴岡社務として源実朝右大臣拝賀の式次第を熟知できる立場にあったので、実朝暗殺の計画はよく練られているが、鎌倉殿の地位に就くための動きがあまりに杜撰である。実朝暗殺の当日の様子を、最後にみていくことにしよう。

続いた予徴

実朝は、歌鞠を好んで弓馬の道を重んじなかった不肖の将軍ではあっても、結局のところ、愛すべき人として鎌倉幕府の人々から慕われていたと思われる。それは実朝の死を悼む予徴の話が、『吾妻鏡』にいくつも紹介されていることからもわかる。

前徴とみてよいのが、承久元年（一二一九）正月二十五日に摂津源氏の右馬権頭源頼茂が鶴岡八幡宮に参宮してみた霊夢である。一羽の鳩が頼茂の前にあらわれたと思っていたら、しばらくして、童が杖で鳩を打ち殺し、その後で頼茂の狩衣の袖を打ったという夢である。不審に思った頼茂が陰陽師に占ってもらったところ、不快という結果が伝えられた。童を公暁、鳩が鶴岡八幡宮の使いであることを考えれば、実朝暗殺とそれに続く頼茂誅殺の一件が示された凶徴と考えてよいであろう。

次に、正月二十七日の次第をみてみよう。

同日酉刻、実朝右大臣拝賀の行列は、御所を出立。鶴岡八幡宮に入った後、北条義時は楼門のところで具合が悪くなって御剣役を源仲章に交替し、神宮寺で休憩した後に小町亭に帰った。その後、実朝は下宮・上宮で神拝を遂げ、上宮から降りる石階のところで、公暁とその与党に襲われて暗殺された。鶴岡社務を勤める公暁は、職務上必要な情報として当日の実朝の動線を細かく把握している。どこで警備が手薄になるかは事前に知っているうえで、襲撃する場所を決められるので、成功する確率の高い暗殺計画が立てられたはずである。

この日の事件については、『吾妻鏡』はいくつもの予徴があったと記している。第一に、

図20　鶴岡八幡宮の石階と大銀杏

大江広元は成人した後に涙を浮かべたことがないが、この日は涙が止まらなかったという。それゆえに、よくないことが起こると思われるので、頼朝公の先例にならって束帯(そくたい)の下に腹巻きを着てくださいと申し上げた。第二に、宮内兵衛尉公氏が実朝の髪を梳いていたところ、実朝は髪を一本抜いて授け、庭の梅を見て「出でいなば　主なき宿と　成ぬとも　軒端の梅よ　春を忘るな」と、再び戻らないことを意味する和歌を詠んだ。第三に、鶴岡八幡宮に入ると霊鳩が頻りに鳴き、牛車(ぎっしゃ)を降りる時に剣が折れたという。第四に、中座した義時は鶴岡八幡宮に入ると白犬をみて意識が朦朧となり、伊賀朝行に伴われて退出したという。しつこい程に、凶徴が書き連ねられているのである。鎌倉を守護する八幡大菩薩は、実朝に対していくつもの予徴を示していたのだが、実朝は予徴の意味するところを考えず、鶴岡八幡宮に入って殺されたという論法になる。

承久の乱

源家将軍の清算

九条頼経と阿野時元

源実朝の後継者

鎌倉殿源実朝の暗殺により、幕府では誰をその後継者に据えるかが重要な課題として浮上してきた。実朝は頼家の遺児公暁を猶子としていたが、公暁は僧籍に入って鶴岡社務を務めていたので後継者から外されていた。他に養子・猶子の関係を結ぶ一族の男子はいないので、実朝は後継者を指名していなかったことになる。

一方で、北条政子は建保六年（一二一八）に上洛した時に後鳥羽院と卿二位藤原兼子と皇族の下向を交渉してきた。このことは、政子が実朝の後継ぎとして親王将軍を考えていたことを示している。しかし、実朝に子供はいなくても、頼家には男子がいるし、頼朝の弟源頼範（のりより）・阿野全成（あのぜんじょう）にも男子がいる。実朝の甥や従兄弟であれば、親族として鎌倉殿を継承するのに十分な範囲である。

にもかかわらず、幕府の首脳部は彼らを無視して親王将軍を成立させようとした。ここに、重要な論理のすり替えがある。実朝暗殺による頼朝の嫡系の断絶と鎌倉殿の地位を継ぐことのできる源家（げんけ）将軍の一族の断絶は別の話である。実朝薨去（こうきょ）の後に源家将軍の一族を推す有力者がなく、摂家将軍九条頼経（くじょうよりつね）を迎えるために鎌倉殿を継承できる頼朝の親族が抹殺された事実こそ、掘り下げて考えるべき問題である。

図21　後鳥羽院像（『天子摂関御影』より、宮内庁三の丸尚蔵館所蔵）

建保七年（一二一九）二月十三日、幕府は二階堂行光（にかいどうゆきみつ）を使節として、六条宮雅成（まさなり）親王・冷泉宮頼仁（よりひと）親王のいずれかを鎌倉殿として迎えたい旨を後鳥羽院に伝えた。頼仁親王は後鳥羽院と西御方（実朝室の姉妹）の子で、卿二位の猶子となっていた。実朝の甥ということでは身内であるという説明はつくが、女系というところに説得力の弱さがある。この交渉は、後鳥羽院が京都と鎌倉のふたつに皇統が割れるのではないかと危惧して許可しなかったことで不調に終わった。実朝政権の後を継ぐ政権と協調路線が維持されるか判断できない段階で、後鳥羽院は慎重になったのであろう。

阿野時元の挙兵

建保七年二月十五日、駿河国守護所の飛脚が阿野時元が二月十一日から城郭を構えて軍勢を集めているとの情報を伝えてきた。この情報を信ずるならば、幕府が二階堂行光を上洛させる二日前に軍勢を集め始めたことになる。駿河国守護所が飛脚を出発させたのは十四日ないし十五日であり、行光が駿河国を通過したあたりと考えることができる。阿野時元挙兵の理由を考える時に、実朝の死去によって鎌倉殿の後継者がいなくなったこと、時元は血筋から後継者を主張できること、北条政子の甥にあたることなど、源家の中から選ぶ場合に有力な候補であることは否定できない。実朝の従兄弟である阿野時元が源家を継ぐことは、京都から遠縁の者をよぶよりもむしろ自然な選択といえる。阿野時元討伐については、このことを後鳥羽院に奏上したという風聞の方がむしろ問題といえる。実朝の死去から阿野時元挙兵までの日数が二週間しかなく、阿野氏は阿野全成事件以後は駿河国に引きこもっていて後鳥羽院政との接点がないことから考えても、後からつくられた話と考えた方が適当であろう。

阿野時元が多くの軍勢を集めたというが、それにしては合戦が短時間に終わっている。二月十九日に北条政子の名前で追討命令が出され、北条義時は侍所司金窪行親に御家人を副えて討伐に向かわせた。金窪行親の軍勢は駿河国で合流した御家人をあわせ、二十二日に阿野時元の一族が籠もる深山の城を一日で攻め落としたという。阿野氏の館は駿河国阿野郡（現在の沼津市井出の大泉寺）にあったと伝えられる。背後の愛鷹山に城郭を構えて籠もろうとしたのであろうか。

阿野時元の兄弟道暁は、天台宗寺門派の寺院駿河国岩本山実相寺（富士市岩本）に入っていたと伝えられる。『三井寺灌頂脈譜』によると、建保七年（一二一九）三月二十七日に四十四歳で亡くなったと伝えられるので、阿野時元挙兵の一月後に亡くなったことになる。

阿野時元挙兵の一件で、駿河国の地方豪族として存続していた阿野氏は勢力を失うことになり、以後、阿野氏が政争にからむことはなかった。

後鳥羽院との交渉に失敗した後、鎌倉では誰を後継者として鎌倉殿に迎えるかが緊急の課題となった。三浦義村が二条教実を迎えようと発言したことで左大臣九条道家の子の中

図22　阿野全成・時元墓（静岡県・大泉寺所在、沼津市教育委員会提供）

から迎える方向に議論の流れが変わった。『愚管抄』は、三浦義村が「左府ノ子息ユカリモ候、頼朝カイモウトノムマコウミ中タリ、宮カナフマシク候ハヽ、ソレヲ下シテ養ヒタテ候テ、将軍ニテ君ノ御マモリニテ候ヘシと申シケリ」と記している。この意見により、頼朝とゆかりのある九条道家の子の中から鎌倉に派遣してもらう方向で交渉が始まった。三浦義村が北条政子・義時との協調路線の中で鎌倉幕府の中枢にいることは明らかである。

幕府が実朝の後継者を決定するにあたって、まず親王将軍を迎える交渉をし、その代替案として摂関家から迎えること、その際、頼朝と縁のある左大臣九条道家の子を選んだことが重要である。この交渉の手順から、鎌倉幕府首脳部が源氏の後継者を選ぶ考えのなかったことは明らかである。

頼経は、六月二十五日に出京して七月十九日に鎌倉に入った。この日、政所始が行われ、頼経が幼少であることを理由に、政子が後見として政務を執ることとなった。尼将軍北条政子の誕生である。

京都では、七月十三日に実朝の政所別当を勤めた大内守護源頼茂が突然誅殺された。謀叛の疑いや叡慮に背くなどの説明がなされているが、後鳥羽院がなぜ頼茂を討ったのか理由が判然としない。この時期、西園寺公経の祈禱として高山寺が大威徳明王法を行っていたという記録も残されている。大威徳が降伏法に使われることからも、京都の情勢が穏やかならざることがわかる。院と幕府と摂津源氏の棟梁頼茂の三者の関係の中で、何があったのであろうか。頼経が鎌倉殿を継承する時期に起きたふたつの事件、阿野時元事件と源頼茂事件は、前者が鎌倉殿の継承をめぐる問題、後者が武家源氏の棟梁をめぐる問題と考えれば、事件の本質に近づくのであろうか。

禅暁・貞暁・竹御所

源実朝の親族の中で、僧籍に入って活動していたのが、実朝の弟で高野山に登っていた貞暁、仁和寺に入っていた頼家の遺児禅暁、武蔵国慈光寺に入っていた源範頼の子吉見範円などである。

禅暁誅殺

頼家の子は、比企氏の乱後に北条義時によって殺害された一幡、園城寺に入寺して修行していたものの和田義盛の残党に擁されて建保二年（一二一四）十一月十三日に討たれた栄実、建保七年正月二十七日に実朝を暗殺して討たれた鶴岡社務公暁と三人の男子が非業の死を遂げていた。唯一残っていたのが、頼朝の右筆一品房昌寛の娘を母とし、仁和寺に入寺して修行をしていた禅暁である。頼家が伊豆国修善寺で暗殺された後、一品房昌寛の娘は三浦胤義と再婚し、この縁で胤義が禅暁の後見を務めていた。胤義は、建保元年十一月五日に御所近辺で女性問題に端を発した闘乱を起こしたと『吾妻鏡』は記している。胤義が昌寛の娘を妻に迎えたのはこの頃であろうか。

禅暁は、承久二年（一二二〇）四月十五日に京都の東山で誅殺された。その嫌疑は、公暁の謀叛に与同したというものであった。前後の脈絡をみていくと、二月二十六日に鎌倉の使者二階堂行光が入洛、引き渡しの交渉に入って閏二月五日に禅暁は京都を出立した。その後二ヵ月間の動向は不明であるが、四月十五日に京都の東山で誅殺された。この間の交渉は明らかでないが、公暁の後見が三浦義村、禅暁を援助していたのが胤義であることから考えて、禅暁誅殺には三浦氏の同意が必要だったのであろう。事件後、胤義が兄義村を「尾籠の者」と呼んでいること、承久の乱で胤義が京方として徹底抗戦していることなど、この事件は三浦氏を分裂させる程の激しいやりとりがあったと考えてよい。二ヵ月にわたる保留は、胤義が禅暁の助命に動いたためと考えてよいのであろう。

貞暁と鎌倉

頼朝の子貞暁は、文治二年（一一八六）二月二十六日に女房大進局（常陸介藤原時長女）を母として誕生した。しかし、政子は大進局と貞暁の存在を不快に思ったので、建久二年に貞暁は上洛して仁和寺勝宝院の隆暁の元に入室することになった。貞暁の後見は大進局の出産にあたって屋敷を産所として貸した大江景遠の子景国であった。政子の嫉妬を恐れて誰も手を挙げなかったところで、景遠・景国父子が貞暁を扶持した形になった。

貞暁を受け入れた隆暁は、治承・養和の飢饉の時、京の街で倒れた人の額に「阿」の字を書いて結縁を施したと『方丈記』に記された仁徳の人である。隆暁は京都守護一条能保の養子となっていたので、頼朝から頼まれたとなれば断らないであろう。隆暁が建永元年に亡くなると、貞暁は仁和寺勝宝院を継承し、有力な院家の一人となっていった。鎌倉幕府とは別世界を構成する顕密仏教の重鎮仁和寺に籍を置いたことが、貞暁の安全を保障したのであろう。承元二年、貞暁は仁和寺を出て高野山に入り、高野聖行勝に就いた。その後、貞暁は行勝から一心院別所を継承している。貞暁が仁和寺から高野山に移ったのは、鎌倉との接触を極力少なくしたかったためであろう。

貞応二年（一二二三）には、政子が高野山に金剛三昧院を建立した。この頃になると、鎌倉殿九条頼経を玉として抱く北条政子・義時姉弟の政権は盤石なものとなっていて、貞暁を頼朝の血を引く高僧として敬う余裕があった。同じ頃、実朝を扶持した女房大弐局（加賀美遠光娘）も小笠原一族の支援を受けて高野山に堂舎を建立した。鎌倉との接触を避けるために高野山まで隠遁（いんとん）した貞暁が、源家の関係者を高野山に引き寄せたのであるから、皮肉な話である。

源家の時代の終焉——承久の乱

様子を見る後鳥羽院

鎌倉幕府は、源家に代わる鎌倉殿として九条頼経を迎えた。頼経が頼朝の縁者であることを否定する人はいないが、摂関家出身の頼経に武家の棟梁として振る舞うことを求めることはできなくなった。頼朝・頼家は武家の棟梁として振舞うことを忘れなかったし、御家人が弓馬の芸を顧みなかった実朝に不満を持つのは、河内源氏の棟梁たる者は弓馬の道を重んずべしという意思のあらわれである。しかし、頼経の鎌倉下向に身固陰陽師や護持僧が同行していたことから明らかなように、はじめから頼経は神仏と交感し、禁忌に包まれた鎌倉の王となることを求められていた。鎌倉殿が武家の棟梁として御家人と戦場を駆けめぐることは、実朝の死とともに終わったのである。実朝の死をもって、鎌倉幕府は変質した。

実朝の死は、後鳥羽（ごとば）院政と鎌倉幕府が協調する時代を終わらせることになった。

後鳥羽院は、建保七年（一二一九）二月に二階堂行光（にかいどうゆきみつ）が上洛して交渉した親王将軍東下の要請を断った。一方で、実朝が亡くなったことに対する弔問の使いとして内蔵頭藤原（くらのかみふじわらの）忠綱（ただつな）を鎌倉に派遣した。弔問は滞りなく行われたが、忠綱は後鳥羽院の希望として摂津国

図23　蓮台形舎利容器（奈良国立博物館所蔵）
承久の乱後に出家をした伊賀局が、後鳥羽院や藤原秀能のために祈ったことを伝える

長江倉橋両庄の地頭職交替を求めた。後鳥羽院の感覚を推測すると、畿内の荘園二箇所の交替程度のことは弔問に対する返礼として当然のものといえよう。

ところが、このふたつの荘園の地頭職改補問題は、一方の当事者が後鳥羽院の女房伊賀局（白拍子亀菊）であったことから、北条政子は御家人に決起を呼びかける喧伝の材料として使った。鎌倉幕府の御家人は、一所懸命の地である地頭職が白拍子出身の寵姫の要求で解任されることを許し難いと考えるであろう。この主張は、御家人の琴線に触れる論陣を張ることができるものであった。しかし、どちらが荘園の経営を乱したかというのが本質的な問題なのであり、政子の喧伝は議論のすり替えが明白である。北条氏の巧みな喧伝によって問題の本質がすり替えられていると考えないと、承久の乱にいたる政治過程は正しく理解できないであろう。

協調の時代の終わり

建保七年二月十四日、伊賀光季が京都守護として上洛した。同二十九日、大江親広が京都守護に補任されて上洛した。これは、実朝薨去後に阿野時元の事件がおきたため、京都に動揺が広がることを抑えようとしたためと理解できる。頼家政権崩壊後に平賀朝雅を上洛させた例と、同列に考えてよいのであろう。

ところで、北条政子・義時姉弟は後鳥羽院に親王将軍東下を拒絶された結果、北条時房に一千騎の軍勢を附けて上洛させ、軍事力を誇示して、摂関政治の復興を夢見て後白河院政と対立した九条兼実の孫九条道家と、九条頼経を鎌倉殿として迎え入れる交渉を進めた。この交渉が行われた承久元年四月から六月の三ヵ月間の記事が『吾妻鏡』から抜けていることにお気づきであろうか。この三ヵ月の間に、後鳥羽院政は鎌倉幕府との協調路線を放棄し、親王将軍東下に協力的であった高倉家は反鎌倉の急先鋒になっていく。さらに、三ヵ月分の空白の後におこった事件が、後鳥羽院による源頼茂の誅殺である。

この三ヵ月間の交渉で京都側が態度を硬化させた原因は何であるのか、『吾妻鏡』は後鳥羽院政と鎌倉幕府の協調関係を壊した重要な事実を語っていない。

承久元年七月十三日、後鳥羽上皇の命によって大内守護源頼茂が誅殺された。御所を警備していた頼茂とその郎党たちは必死の奮戦をしたので、仁寿殿・校書殿が被災し、多くの宝物・典籍が失われることになった。頼茂は保元の乱以来の戦乱を生き抜いた摂津源氏の棟梁であり、公卿に列した鎌倉殿実朝の政所別当を勤めた。北条時房の軍勢をみた後鳥羽上皇が院独自の武力を組織しなければと考えるようになった時、源頼茂が摂津源氏の勢力回復を考えて畿内で郎党を増やそうとしていれば、頼茂は邪魔な存在となっていくであろう。頼茂は、後鳥羽院政からも、摂家将軍を迎えようとする鎌倉幕府からも邪魔な存在となっていた可能性がある。

九条道家は、鎌倉幕府の支持のもとに承久の乱後の非常事態に対応するために成立した後高倉院政後の朝政を近衛・九条が交互に摂政関白を務める摂関政治復活へと導いた人物である。道家は、後白河院崩御後の朝政を天皇親政として摂関政治を復活させた祖父兼実と同じ路線を歩もうとしたのだろうか。院政に対して批判的な九条家から鎌倉殿を迎えることは、後鳥羽院政との協調関係を放棄することを意味していた。

後鳥羽院か鎌倉殿か

実朝の時代、幕府は後鳥羽院政との協調によって運営されてきた。在京人や畿内・西国の守護には、幕府と後鳥羽院や京都の権門の両方に仕える人が数多くいた。彼らが、鎌倉と京都のいずれにつくかはそれぞれの判断となる。御家人たちは頼朝から受けた恩顧を忘れず、幕府のために戦うべきだと説いた北条政子の有名な演説は、頼朝挙兵に与(くみ)した南関東の御家人たちにとっては有効であっても、御家人制が全国規模に展開していく中で御家人に登録したそれ以外の地域の人々に対しては限定的な影響力しか持たなかった。ただし、政子の演説は鎌倉に集まった人々を説得できればよかったので、鎌倉から上洛軍を進発させることができた段階で成功したといえる。しかし、京方についた御家人もまた多かったという事実は、政子の演説が伊豆や南関東の御家人の心情には訴えかけられても、鎌倉幕府全体を動かすことはできなかったということもできる。実朝を失った北条政子・義時が主導する幕府から切り捨てられたと感じた人々が京方に集まったと考えれば、承久の乱が幕府の主流派対後鳥羽院のもとに結集した反主流派の戦いという構図になることは理解できるだろう。

承久の乱以前の源氏諸家の状況

頼朝が知行国の国守に補任(ぶにん)した九人の源氏のうち、承久年間（一二一九〜一二二二）まで鎌倉の政争を生き抜いたのは足利・山名（新田）・大内の三家にすぎない。北条時政の娘を母とする足利義氏は、北条氏支持の立場が明確であり、承久の乱では北条泰時の上洛軍に加わっていた。大内氏は、実朝政権まで存続した源家一門の中で最大勢力で、在京人として京都に常駐し、園城寺造営の奉行なども務めた。大内氏は京都で睨みをきかせる有力者として活動をしていたので、活動の基盤を畿内に移していた。大内氏は、足利氏のように北条氏支持で素直に動けない状況にあった。新田氏の庶流山名氏は、義範が伊豆守に補任されたものの、一代限りで子孫が高家の待遇を受けることはなかった。新田氏は、守護職にも補任されなかったので、上野・越後に勢力を持つ地方豪族として発展していくことになった。名家としての地位を残していたのは、足利氏と大内氏のみという状況にあった。

図24　吉見息障院（吉見町埋蔵文化財センター提供）

小笠原氏は、加賀美遠光の子長清が上総(かずさ)権介(ごんのすけ)広常(ひろつね)の娘婿であった関係から、広常誅殺後は甲斐国に在国することが多くなった。孫の小笠原長経は、二代将軍頼家の側近であったことから比企氏の乱の後は、鎌倉を引き払っている。以後、小笠原氏と鎌倉との関係は、実朝附の女房の筆頭格となった大弐局(だいにのつぼね)によって維持されていた。小笠原氏に限らず、甲斐源氏の諸家は、頼朝に気に入られて鎌倉に留まっていた石和信光(いさわのぶみつ)の一流以外は、甲斐国の有力豪族として本拠地で地盤を固めていた。

吉見氏と平賀氏は、鎌倉幕府の中で諸国に分類される御家人となって存続していた。吉見氏の場合、北条氏と距離を置くことで地方に降りた源家として威信を保ったようである。武蔵国に残った本家の人々は鎌倉幕府が動揺してくると謀叛の嫌疑をかけられて誅殺される者が出たこと、元弘の乱では山陰や伊勢で軍勢を集めて反北条勢力の大将となったことは、地方の名家として吉見氏が残ったことを示している。一方、平賀氏は地方豪族に戻ったとみてよいのであろう。

それぞれの選択

承久の乱という合戦をみると、後鳥羽院という旗のもとに集まった反鎌倉・反北条の人々と鎌倉幕府（北条政子・義時政権）の戦争であることがわかる。実朝の薨去によって源家将軍が断絶させられると、後鳥羽院と協調することで頭角をあらわしていた人々は院政に対して強硬な姿勢をとる北条政子・義時主導の政権に留まるか、京都で後鳥羽院政の傘下に留まるかの選択をしなければならなくなった。この時、北条氏と姻戚関係にある足利義氏は、ためらうことなく北条泰時と行動をともにしている。泰時と義氏の信頼関係が、足利氏を鎌倉幕府の高家として存続させるのである。

甲斐源氏の諸家は、甲斐国の有力豪族として承久の乱に入っていったものと考えられる。嫡流が頼朝に潰されたことによって名跡を継いだ石和信光は、武田氏の惣領として一族を束ねていった。承久の乱では、武田信光・小笠原長清・小山朝長・結城朝光（ゆうきともみつ）など東山道に入りやすい甲斐源氏と秀郷（ひでさと）流藤原氏の諸家が東山道からの上洛軍の大将となり、その勢五万騎と伝えられる。『承久記』が武田信光の言葉として伝える武田一族の立場は「鎌倉勝バ、鎌倉ニ付キナンズ、京方勝バ、京方ニ付キナンズ、弓箭取身ノ習ゾカシ」であった。武田氏・小笠原氏は軍勢を京に向けて進めながら、動向を見定めようとしていたといえる。信光が鎌倉方につくと決めたのは、義時が示した恩賞の約束であった。

京方についた源氏は、源家一門の大内惟信を筆頭とするといってよいであろう。平賀義信の孫大内惟信は、在京人として活躍し、伊賀・伊勢二ヵ国の守護を勤め、美濃国守護を勤めたことも推定されている。承久元年正月の段階で考えれば、大内氏は源家一門を代表する有力な家である。大内惟義は承久元年正月二十七日の実朝右大臣拝賀まで活動が確認されるので、実朝暗殺を機に出家したのであろう。世代交代すると、大内惟信は在京人として京都の情勢を着々と鎌倉に伝えていた。その大内惟信が、承久三年五月二十一日の京都守護伊賀光季亭襲撃に軍勢を出したのである。

大内氏が源家将軍と親密な関係を築いていたことは間違いないが、北条氏との関係は北条時政の娘婿平賀朝雅が牧氏事件で滅ぼされた後は距離を置いていた。大内氏が北条氏主導の鎌倉幕府といかに関係を結んでいくかは、源家を代表する名門であるだけに間合いの取り方が難しかったのであろう。大内惟信の選択は、在京人として今までどおりの仕事をして様子をみるというものであった。承久の乱で京方についた大内惟信は、東山道の大将軍として大井戸渡の守備についた。

鎌倉方に付くと決めた武田信光・小笠原長清は、作戦どおりに河合渡・大井戸渡で戦端を開いた。大内惟信は序盤戦こそ渡河する敵を一方的に射すくめたが、先陣に渡河されると次第に苦しくなり、嫡子の帯刀左衛門尉惟忠が討死にすると気力も失せて逃走した。大内氏は北条氏と相入れなかったと考えただけで、鎌倉幕府に対する憎悪があるわけではない。そのため、大内氏の郎党や与力についた人々は、大内惟信に対する恩義に報いたと考えれば、それ以上のことをする必要はなかったのであろう。以仁王に与して挙兵して治承・寿永の内乱を平氏と戦ったにもかかわらず、先に入京した木曽義仲に従ったために頼朝と敵対した近江・美濃の源氏のように、幕府と徹底的に戦う理由を持たなかったと考えてよいであろう。大内氏の主力はあっさりと引いたが、配下の蜂屋一族や墨俣の守りに就いた山田重忠が善戦したのは、鎌倉に対する憎悪を隠さなかったためといってよい。他にも、養君禅暁を誅殺されて面子を失った三浦胤義、比企氏の乱で奮戦して討たれた糟屋有季の一族、義仲の与党として元暦元年まで戦った近江の錦織一族など、承久の乱で合戦の華となる場面をつくった人々は、鎌倉に対する何らかの怨恨を持っていた。

この戦いに勝利した武田氏は安芸国守護職、小笠原氏は阿波国守護職を恩賞として給わった。源氏の人々は鎌倉幕府の官僚組織の中に入ってこないので、幕府の儀式の中で占める席次と守護職の有無によって地位が表示される。比企氏の乱で中央での地位を失った小笠原氏は、承久の乱で守護職を獲得したことで名門の地位を回復したのである。

承久の乱は、源家将軍の時代を清算する戦いであると同時に、治承・寿永の内乱以後の戦争や政変で蓄積されていた不満や怨念を清算する戦いでもあった。

源家将軍三代の特徴――エピローグ

鎌倉幕府の歴史を記した『吾妻鏡』は、源頼朝から実朝にいたる源家将軍の時代の文章と、四代将軍九条頼経以後の文章では、同じ本と思えない程に叙述の形式が違っている。筆者は、『吾妻鏡』を未完の歴史書と捉えているので、編集の進行状況の違いによって体裁の不揃いや欠年が生じていると考えている。

『吾妻鏡』の特徴

一方で、前半部分と後半部分では編纂のもとになった史料に決定的な違いのあることもわかっている。五味文彦氏は『吾妻鏡の方法』で源頼朝記は鎌倉幕府草創神話であると述べられたが、内容を精査すると、幕府の文官や御家人の家に伝わる家記や家伝と、資料を保存するシステムを確立している京都の公家や権門寺院から提供された文書・記録を集積させたもので、幕府の官僚組織が残した記録とは思えない記述である。一方、承久以後の『吾妻鏡』の記述をみると、小侍所の資料が数多く使われている。それゆえに、金沢北条氏が編纂官を勤めたのではないかと考えられた時期もあるが、近年では問注所執事三善氏が編纂の中心にいたのではないかと考えられるようになった。

　幕府の草創期である頼朝の時代は、先例どおりに行いましたという意味の「如例」がこれから形成されていくので、それぞれの儀式ごとに詳細に記述しなければならない。源頼朝記とともに詳細な記述を持つのは宗尊親王記であるが、宗尊親王の時代は鎌倉後期の幕府の運営形態の原点となる時代なので、長文の書類でもそのまま掲載する必要がある。

　編纂の段階で考えると、条文を立てるための綱文と、そのもととなる資料をそのまま載せてしまった状態、つまりは通史を書く前の資料整理段階の文章とみてよいものである。その事を示唆するのが四代将軍九条頼経記で、新訂増補国史大系本は広本と略本を併記して載せている。略本は二代将軍源頼家記の状態に近いことから、当時の年代記や藤原信西が編纂した未完の歴史書『本朝世紀』の完成部分と考えあわせれば、『吾妻鏡』は略本の状態まで文章が圧縮されるはずだったと推測することができる。

　つまり、『吾妻鏡』の源頼朝記は幕府創世神話であるため必然的に長文となるが、編纂中であったために建久六年（一一九五）で終わっている。二代頼家・三代実朝記については、文章の圧縮が進んでいること、「如例」の表記が多くみられることから文章の精査が進んで、短く圧縮された状態になっている。それゆえに、頼家・実朝については幕府の主張が理解しやすいが、一方で京都側の資料とつきあわせると、鎌倉側の公式見解であることが明確にわかるという特徴を持っている。

源頼朝という人

『吾妻鏡』から頼朝という人を造形していくと、幕府が求める理想の創設者として造形されることになろう。以仁王令旨を受けて、反平氏の正義の戦いを始め、その結果として内乱を勝ち抜き、幕府を創った英雄である。幕府の成立により、頼朝は京都の朝廷や権門勢家から収奪されてきた坂東の御家人を一定の権利のもとに保護できるようになり、東国の武士たちは幕府に属することによって社会的地位を上げ、経済力を高めていった。幕府のおかげで今の生活があると考える東国の御家人にとって、頼朝はまさに英雄である。

しかし、以仁王・源頼政の挙兵計画において、伊豆国にいた頼朝は在国する頼政の孫有綱の協力者とされていた。以仁王令旨が出されるか否かを内と外で分けて考えれば、挙兵計画において内と認定される人物に令旨は必要ないのであるから、令旨を受け取った頼朝

図25　源頼朝坐像（山梨県・善光寺所蔵）

は外部の協力者ということになる。それでも、『吾妻鏡』が以仁王令旨を記すのは、三善康信のもたらした誤報によって挙兵したのでは正当性が成り立たないので、令旨をむりやり差し込んできたためであろう。当時の公家の日記を読む限り、二十年前に伊豆国に配流となった頼朝の存在など朝廷も平氏も忘れていた。

坂東で勢力圏を固めた段階で、頼朝の勢力圏は亡父義朝（よしとも）の時代よりも大きくなっていた。この段階で頼朝がどのような展望を持っていたかは明らかでないが、『玉葉（ぎょくよう）』をみる限り、後白河院との交渉で帰順を考えていたことがわかる。これは、頼朝挙兵が以仁王の遺志を引き継いでいないことの証左となろうし、頼朝挙兵によって東国の動乱が始まったと考える平氏一門が頼朝の帰順を許さなかったゆえに内乱が継続したと考えることができよう。さらに、平氏は以仁王の遺児北陸宮（ほくりくのみや）を擁して北陸道で戦う木曽義仲（きそよしなか）を、頼朝以上の脅威と考えていた。

後白河が、北陸宮を擁するがゆえに皇位継承問題に絡んでくるであろう義仲よりも、坂東で独立系の勢力として活動する頼朝の方が協調しやすいと考えたことで、頼朝は朝廷の中で一目置かれる存在に上昇していた。後白河との提携によって権門への道を歩み始めた頼朝は、寿永二年十月宣旨で他の源氏を圧倒する広域権力に成長した。頼朝は、後白河の政略に合わせて義仲を滅ぼし、安徳天皇と三種の神器を京都に帰還させるために平氏一門の勢力を殺ぐ戦いを始めた。頼朝の戦いが、政略を優先させていたことを忘れたところに、悲劇の英雄義経の偶像化という罠がまっている。これは、要注意である。

治承・寿永の内乱が終結すると、後白河と頼朝は新たな交渉を始めた。頼朝が後白河と交渉して獲得したのは戦時下の権限なので、後白河が天下泰平を宣言して平時の体制に戻す時には返上しなければならない。頼朝が戦時下に獲得した権限を平時の体制の中でどのように位置づけていくかが、両者の交渉の争点となっていくのである。この交渉が文治の守護・地頭問題で、頼朝は日本国惣追捕使に補任されたことで、平安時代には有事の時に補任された非常置の官職惣追捕使が、守護という常置の役職に改編されることになった。幕府の御家人が持っていた荘園の下司職も、地頭職に改めることで幕府の権限下に置かれることになった。平氏政権が武人政権、鎌倉幕府が武家政権と区別されるのは、平氏政権が朝廷の組織の中で政権を掌握したのに対し、鎌倉幕府が朝廷の組織の外に権門として独自の組織を創ったことにある。

義仲や平氏一門という共通の敵が消滅したことにより、後白河と頼朝は直接の利害を交渉する関係に入っていった。そこで、頼朝は藤原道長の時代を理想として摂関政治の復興を考える九条兼実と提携し、後白河院政と対峙しようとした。九条家との提携は、九条家の諸大夫を鎌倉に派遣してもらうことで鎌倉幕府の組織強化につながっていた。

頼朝は、後白河との政治的な提携と交渉の結果として幕府を創り上げたといってもよい。平治の乱から建久三年（一一九二）の崩御にいたる長い統治の中で、数多の綱渡りを繰り返して権力者を翻弄し続けた後白河と対峙して幕府を創り上げた頼朝もまた、複雑な思考回路を持つ一筋縄ではいかない政治家とみなければならないのであろう。

頼朝の蹉跌がもたらした悲劇

頼朝の跡を継いだ二代将軍頼家は、頼朝の遺産を継承して潰されたと考えるのが最も妥当なのであろう。頼朝の最大の誤算は、北条氏の動きを読み誤ったことである。九条兼実やその弟慈円が鎌倉の政局の中で北条氏がどう動くか読んでいたところをみると、頼朝は最も身近にいた妻政子の考えを読み誤ったということになる。

図26　源頼家坐像（京都府・建仁寺所蔵）

頼朝は、寿永元年（一一八二）に長子頼家が誕生すると比企尼（ひきのあま）の一族・縁者から乳母を選び、比企一族に頼家の養育を託した。頼家の後見は、当初比企能員（よしかず）であったが、その後比企尼の娘婿平賀義信（ひらがよしのぶ）に交代し、義信の引退によって頼朝の腹心梶原景時（かじわらかげとき）に交代した。頼家が鎌倉殿を継承した時の後見が、景時である。それとともに、頼家の妾（しょう）として御所に入った比企能員の娘若狭局（わかさのつぼね）との間に頼家の長子一幡（いちまん）が誕生し、比企氏は一幡を次の鎌倉殿に据えるべく準備を進めていく。ここに、頼家政権と北条氏が対決しなければならない理由が明確化する。

一方、北条氏は政子が鎌倉殿の生母として後見し、時政が外祖父として遠江守に補任され諸大夫の待遇を獲得した。また、時政の子時房は頼家の側近に加わっていた。北条氏は頼家政権の中で冷遇されているわけではないのであるが、頼家の次の世代が比企氏中心となることは、頼家を囲む人々の顔ぶれから明らかであった。そこで、政子は妹夫妻が後見する千幡（実朝）を擁して反頼家政権の勢力をつくり、揺さぶりをかけていった。

頼家の側近は、比企宗員・比企時員・小笠原長経・北条時房・中野能成・源性・義印・紀行景・平知康などであり、北条氏・比企氏・源家一門小笠原氏が有力者といえる。政治的に影響力がある後見は梶原景時と比企能員であり、彼らは頼朝によって指名された人々である。

この流れをみれば、頼家政権における権力抗争は頼朝が頼家のために敷いた政治路線とこの政治路線ではいずれ政権の中枢から外されることになる北条氏との対立であった。頼家には父頼朝のように武家の棟梁として振舞おうとする意識があり、武断派の将軍といえる。頼家には若さゆえの未熟さや暴走はみられるが、一方で政子も頼家の暴走に火に油をそそぐ対応をして、頼家の権威を失墜させようとしていた気配がある。頼家を暴君のように記す『吾妻鏡』の叙述は、それまま鵜呑みにしがたいところがある。頼家については、彼が実力を発揮する前に揺さぶられて潰されたと考えるのが適切なのであろう。

武家の棟梁を離れた実朝

三代将軍実朝の特徴は、二代将軍頼家に対し「殷鑑遠からず」の姿勢で臨んだことであろう。実朝が後鳥羽院の重臣坊門信清の娘を正室に求めたのは、政子が生涯持ち続けた身分に対する劣等感を感じ取り、鎌倉殿の正室に相応しい身分を持つ女性を迎えようとしたためであろう。政子や幕府の重臣たちは源家一門の足利氏がよいと考えたが、北条氏と密接に結びついた足利義氏は問題ないとしても、鎌倉殿の外戚として力を持った時は比企氏と同じことを起こす可能性がないとはいえなかった。坊門家でなくても、後鳥羽院が推薦する公家の娘であれば、北条氏や御家人たちとは身分が違うため、競合関係が生まれるとは考えがたかった。実朝が坊門家から正室を迎えたことで、鎌倉の将軍御所には京都の公家文化が流入しはじめ、歌鞠をはじめとした文芸に通じた人々が実朝の側近団を形成していった。漢詩文に通じた宇多源氏の源仲章、和歌では藤原定家の門弟内藤知親、蔵人所重代の官人東重胤、北条泰時、和田朝盛といった武家歌人も登場した。実朝の歌鞠志向は「武芸廃るるに似たり」という状況を生み出し、御家人たちが期待する武家の棟梁の姿からは大きく外れていったが、それでも河内源氏の惣領として御家人から慕われていた。実朝の側近には文芸で一能を持つ人が集まったので、北条氏が政治的に危険視するような存在にはならなかった。

図27　九条頼経坐像（神奈川県・明月院所蔵）

実朝が後鳥羽院政との協調路線を志向したことは、在京を命じられた御家人や畿内西国の守護が幕府と後鳥羽院や京都の権門との両属関係に入っていく要因となっていった。京都で朝廷や権門への勤仕が常態化する状況の中で、京都守護平賀朝雅は後鳥羽院の殿上人となって知行国を給わったり、常陸守護八田知家が筑後守に補任されたりと、京都とつながりのある人々の官位上昇がおこっていった。頼朝は後白河の切り崩しを恐れて御家人の自由任官を厳しく禁止したが、源実朝の時代には鎌倉殿源実朝や在京人が中心になって、御家人たちは鎌倉に許可を得ることなく朝廷の官位を昇進させていった。和田合戦の端緒となる和田義盛の上総介補任の申請も、この変化を受けての申請であった。政子がこの申請を却下したのは、この段階ですでに政子が時代の変化についていけなかったか、和田氏の台頭を抑えるために嫌がらせをしたかのいずれかである。

実朝暗殺と実朝後継問題は、ひとつの問題として考えるべきなのであろう。第一に北条氏は、実朝存命中から親王将軍の東下を考えていた。また、北条氏や幕府の重臣も実朝の甥や従兄弟といった親族を候補に考えていなかった。公暁（くぎょう）や阿野時元（あのときもと）は源家を継ぐ者は自分だと主張して討たれたが、北条氏が源家将軍を断絶させようとしていたのであればはかない抵抗であろう。源頼茂（よりもち）も、河内源氏断絶後に摂津（せっつ）源氏が武家源氏の棟梁になろうと考えたところで後鳥羽院に誅殺されたのかもしれない。後鳥羽院も幕府の首脳部も、源氏から後継者を出したくないという点では共通していた。その落としどころが頼朝の遠縁にあたる九条家から鎌倉殿（かまくらどの）を迎えようという代替案で、発案した三浦義村は二条教実を推したが、政子の意向によって頼経と定まった。実朝が暗殺された時点で源家が幕府の首長を務める時代が終わり、源家将軍に対して忠実であった源家一門は、鎌倉の武家社会と距離をとるか滅ぼされるかの選択をすることになった。これら全ての清算として、承久の乱がおこるのである。

あとがき

本書は、源頼朝の挙兵から承久の乱にいたる、源家将軍とその藩屛(はんぺい)たる源家一門の歴史を綴ったものである。鎌倉という閉じた世界の中で頼朝・頼家・実朝の三代記を叙述するのであれば、誰にとってもなじみのある筋書きで叙述したであろう。しかし、最後までお読みいただいた方ならお気づきと思うが、一般書でよく紹介される話をサラッと流し、その脇役を演じた人々に手厚い叙述をすることで、思わぬ角度からの切り込みをいくつも入れている。それはひとえに、政治史と官僚制度を研究し続けてきた筆者の研究歴が磨いてきた史料読解のなせる技といえる。

治承(じしょう)・寿永(じゅえい)の内乱が始まったとき、河内源氏の本拠地から離れた伊豆に流されていた源頼朝は平氏政権から忘れられた存在であったが、身内の三善康信が状況判断を誤って逃げろと忠告したことで挙兵を決意した。平氏政権はたしかに源頼政が知行国として二十年にわたって治めてきた伊豆国に残る勢力を警戒していたが、在国した頼政の孫有綱が奥州藤原氏を頼って出奔したことでその警戒を解いた。新しい時代を切り開くドラマチックな始まりではないが、有綱出奔で手じまいにしようとした平氏政権の油断と、自分がすでに過去の人になっていると気づかない頼朝の挙兵という二つの判断ミスが重なって、鎌倉幕府草創という大きな事件へと発展していくのである。平清盛が有綱と頼朝の二人が謀叛（むほん）の張本だから捕らえよと大庭景親に命じていたら、あるいは頼朝が康信の心配を杞憂だと笑って取り合わなければ、本書に記すような展開はそもそも始まらないのである。

本書には、このような話が随所に出てくる。それは、筆者ができるだけ素直に、そのときの政治的あるいは軍事的状況に即して判断し、鎌倉幕府成立史論・執権政治成立史論のような発展段階説にのっとった決定論的理解を排除しようとしたためでもある。また、本シリーズの規模が規定するであろう登場人物の数よりも、おそらく多くの人物を准主役級として登場させている。それは、政治というものが影響力の強い特定の人物によって左右されるものではなく、ある種の星雲状態を形成することで成り立っていた均衡が、何かのきっかけによって崩れたときには特定の方向に急激に流れ出す傾向を示すためである。

元暦元年の一ノ谷合戦は、後白河院の謀略なしには源氏が勝てなかった合戦である。この合戦の勝敗を分けたのは、院が和平の使者を派遣すると称して源範頼の軍勢を福原京まで前進させたことで、平氏は院の使者を護衛する軍勢に先制攻撃をかけることを控えていた。建仁三年の比企氏の乱でも、その直前までの政治的駆け引きは二代将軍源頼家の義父比企能員が優勢であり、北条政子は頼家が昏睡状態に陥ったのを機に幕府の権力を掌握し、すべての事を処理してしまった。人と人が織りなす政治的な駆け引きを捨象し、政治史を制度の歴史としてしまったところに、政治史の叙述が貧困になった大きな原因がある。

同様に、政治家も官僚も嘘をつくことは信用を失い、職を失うことにつながる。そのため、本当の事を伝えてはいないが、かといって嘘でもない話、つまり情報操作の技術を駆使した発言や文書の作成は日常的に繰り返されている。寿永二年七月の木曽義仲軍入京後の勲功賞で、後白河院が源頼朝の勲功を第一としたこと、文治元年の廟堂粛清で頼朝が院を日本一の大天狗と決めつけて怒ってみせたこと、承久元年に後鳥羽院が女房伊賀局の訴訟で便宜をはかるよう依頼したのを、あたかも院の悪政の象徴のごとく喧伝材料に使った北条政子の煽動的な演説などは、本書の構成の中でも論理のすり替えと計算された演出の代表的な例といえるものである。これらは、周囲の状況を考え、なぜそのような言い回しをするのかを深読みしなければ本当の意味のとれない発言である。情報操作された文章は、整合性が破綻しないよう計算されたうえで作文されている。政治史を政治の世界に戻すためには、今一度、政治的な判断を重視した史料の読み直しによる政治史の組み替えが必要とされる。

源頼朝の挙兵から承久の乱にいたる鎌倉幕府四十年の歴史は、頼朝・頼家・実朝とその周縁を構成する人々に対して深みのある読解をしていく必要があろう。本書を通じて、源家三代とそれに関わった数多(あまた)の有力者群像から、鎌倉時代前期の政治史を楽しんでいただければ幸甚である。

本書の執筆にあたり、吉川弘文館編集第一部の伊藤俊之氏と販売部の春山晃宏氏にいろいろとお世話になった。日常的な会話は、文献からは読み取れない背後関係に対して気づかされることが多い。編集や営業の方々との会話は知的にも楽しい一時なので、今後も続けていきたいものである。

二〇一〇年二月

永　井　　晋

参考文献

浅香年木『治承・寿永の内乱論序説』法政大学出版局、一九八一年

伊藤一美「鎌倉御家人梶原景時の立場」『金沢文庫研究』二八八、一九九二年

神奈川県立金沢文庫編『頼朝・範頼・義経—武州金沢につたわる史実と伝説』展図録、神奈川県立金沢文庫、二〇〇五年

川合　康『源平合戦の虚像を剝ぐ』（『講談社選書メチエ』七二）、講談社、一九九六年

河内祥輔『日本中世の朝廷・幕府体制』吉川弘文館、二〇〇七年

五味文彦「平氏軍制の諸段階」『史学雑誌』八八—八、一九七九年

五味文彦『平家物語—史と説話』（『平凡社選書』一一二）、平凡社、一九八七年

五味文彦「実朝の文化空間」『三浦古文化』五一、一九九二年

五味文彦『増補　吾妻鏡の方法—事実と神話にみる中世』吉川弘文館、二〇〇〇年

多賀宗隼『源頼政』（『人物叢書』）、吉川弘文館、一九七三年

田中文英『平氏政権の研究』思文閣出版、一九九四年

田中　稔「大内惟義について」安田元久先生退任記念論集刊行委員会編『中世日本の諸相』下、吉川弘文館、一九八九年

角田文衛『平家後抄』（『朝日選書』一七九・一八〇）、朝日新聞社、一九八一年（のち、『講談社学術文

庫』講談社、二〇〇〇年）
永井　晋「比企氏の乱の基礎的考察」『埼玉地方史』三七、一九九七年
永井　晋『鎌倉幕府の転換点―『吾妻鏡』を読みなおす』（『NHKブックス』九〇四）、日本放送出版協会、二〇〇〇年
永井　晋「鎌倉幕府将軍家論―源家将軍と摂家将軍の関係を中心に」『国史学』一七六、二〇〇二年
永井　晋「源家一門考」『金沢文庫研究』三一九、二〇〇七年
野口　実「源範頼の軌跡」『鎌倉』六五、一九九一年
菱沼一憲『源義経の合戦と戦略―その伝説と実像』（『角川選書』三七四）、角川書店、二〇〇五年
宮田敬三「12世紀末の内乱と軍制」『日本史研究』五〇一、二〇〇四年
元木泰雄「源義朝論」『古代文化』五四―六、二〇〇二年
元木泰雄『保元・平治の乱を読みなおす』（『NHKブックス』一〇一七）、日本放送出版協会、二〇〇四年
歴史資料ネットワーク編『平家と福原京の時代』（『岩田書院ブックレット』）、岩田書院、二〇〇五年

参考系図

河内源氏略系図

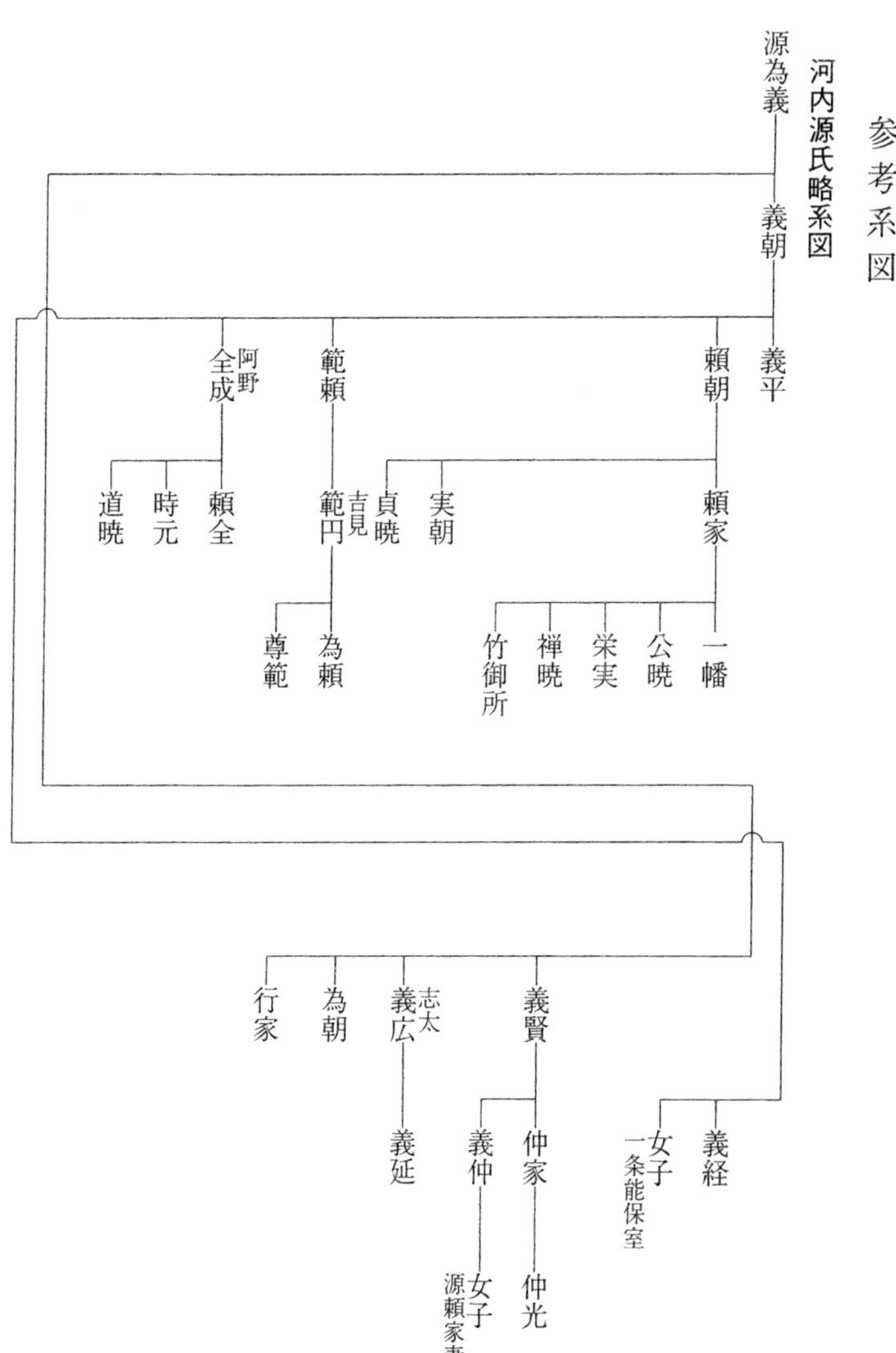

摂津源氏略系図

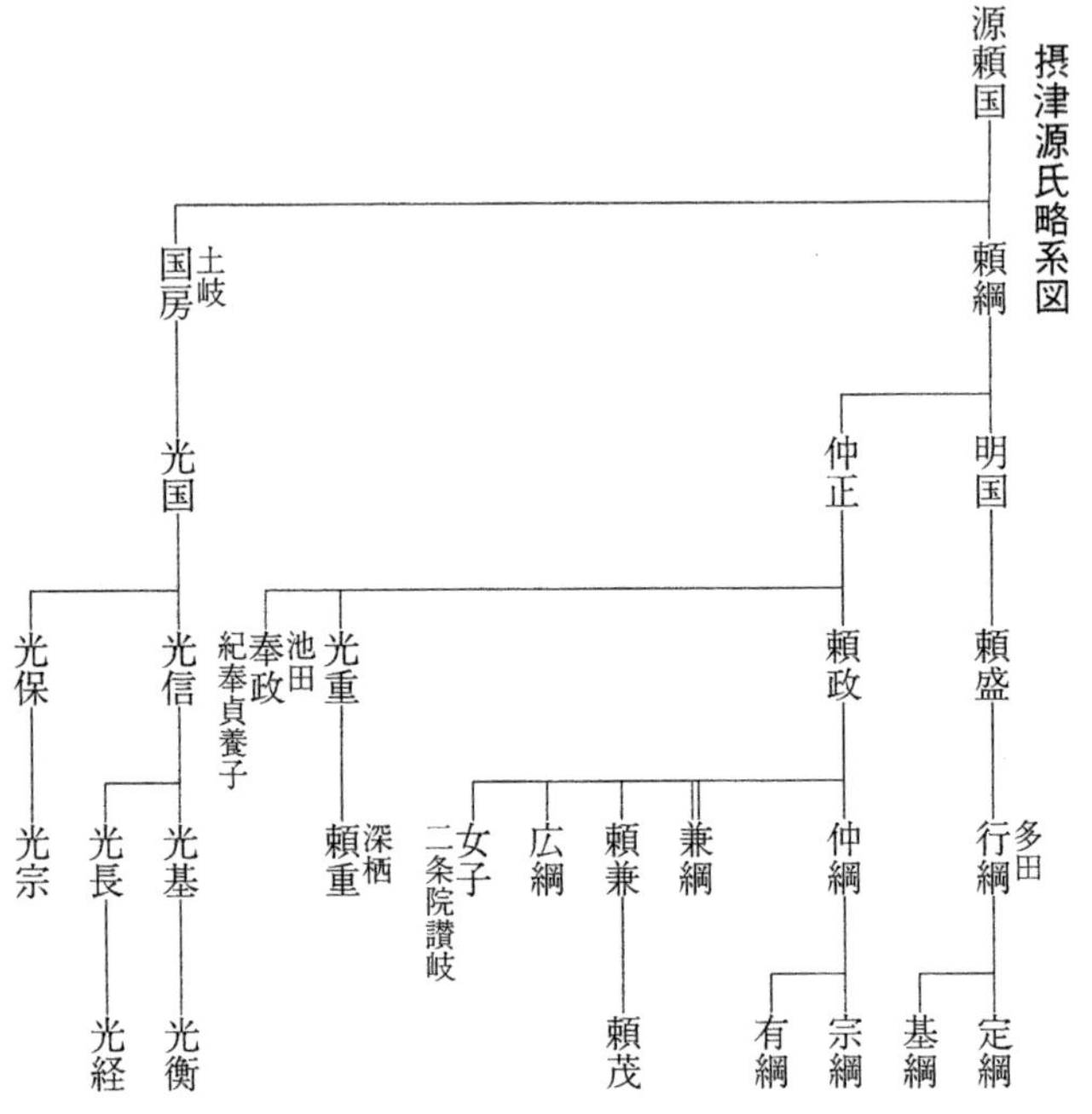
源頼国
頼綱
明国
仲正
頼盛
頼政
多田
行綱
定綱
基綱
仲綱
宗綱
有綱
兼綱
頼兼
頼茂
広綱
女子
二条院讃岐
光重
深栖
頼重
池田
奉政
紀奉貞養子
土岐
国房
光国
光信
光基
光衡
光長
光経
光保
光宗

甲斐源氏略系図

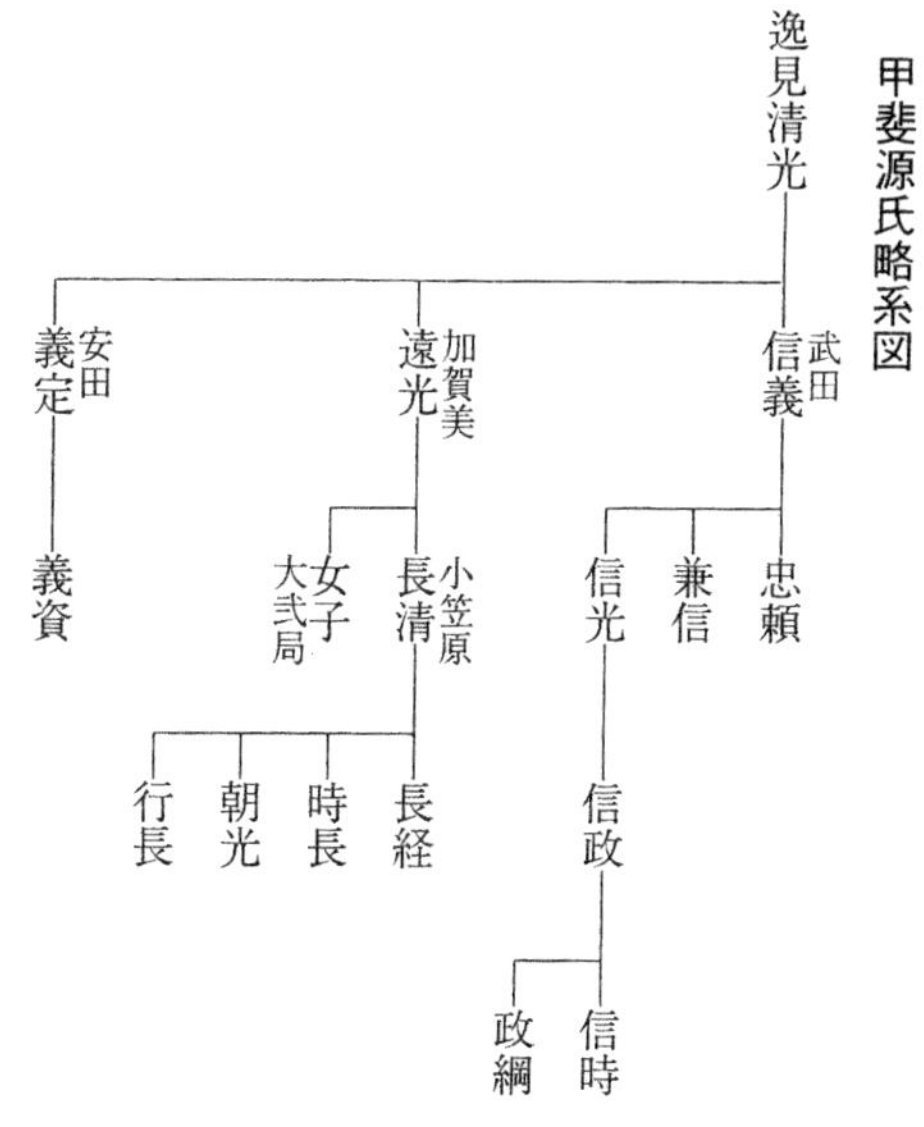

平賀氏略系図

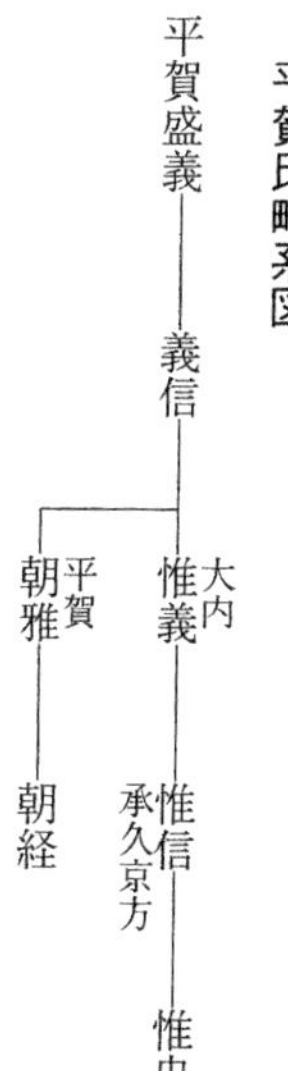

北条氏略系図

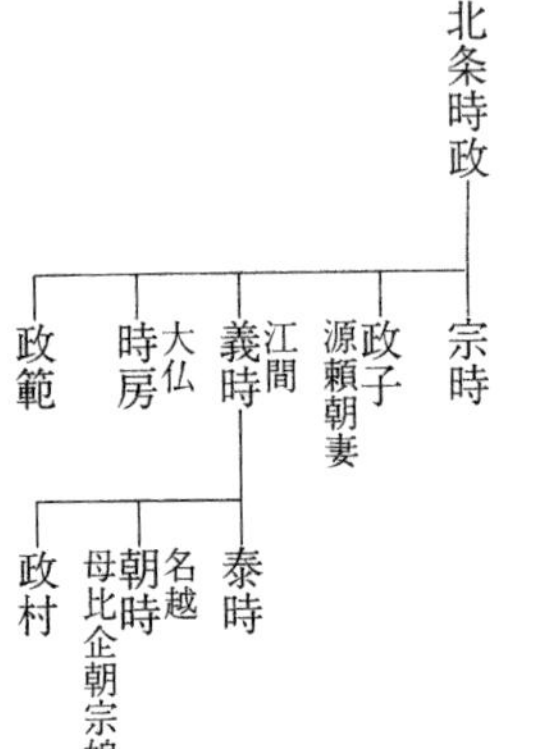

比企氏略系図

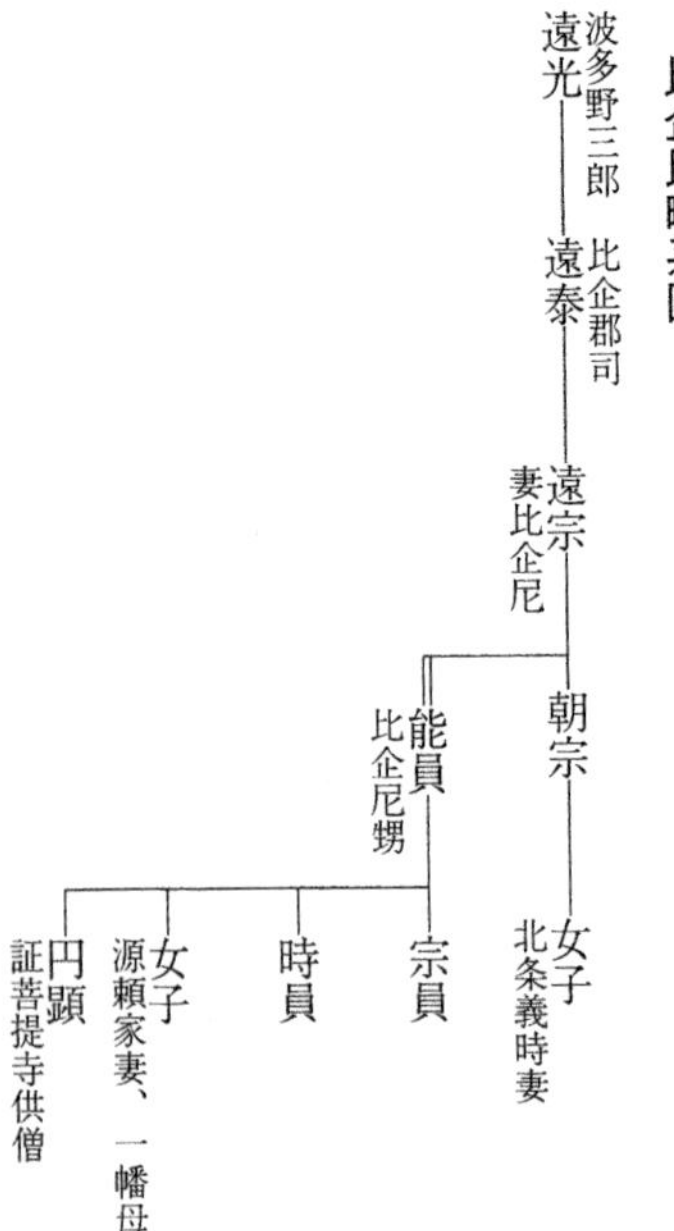

三浦氏・和田氏略系図

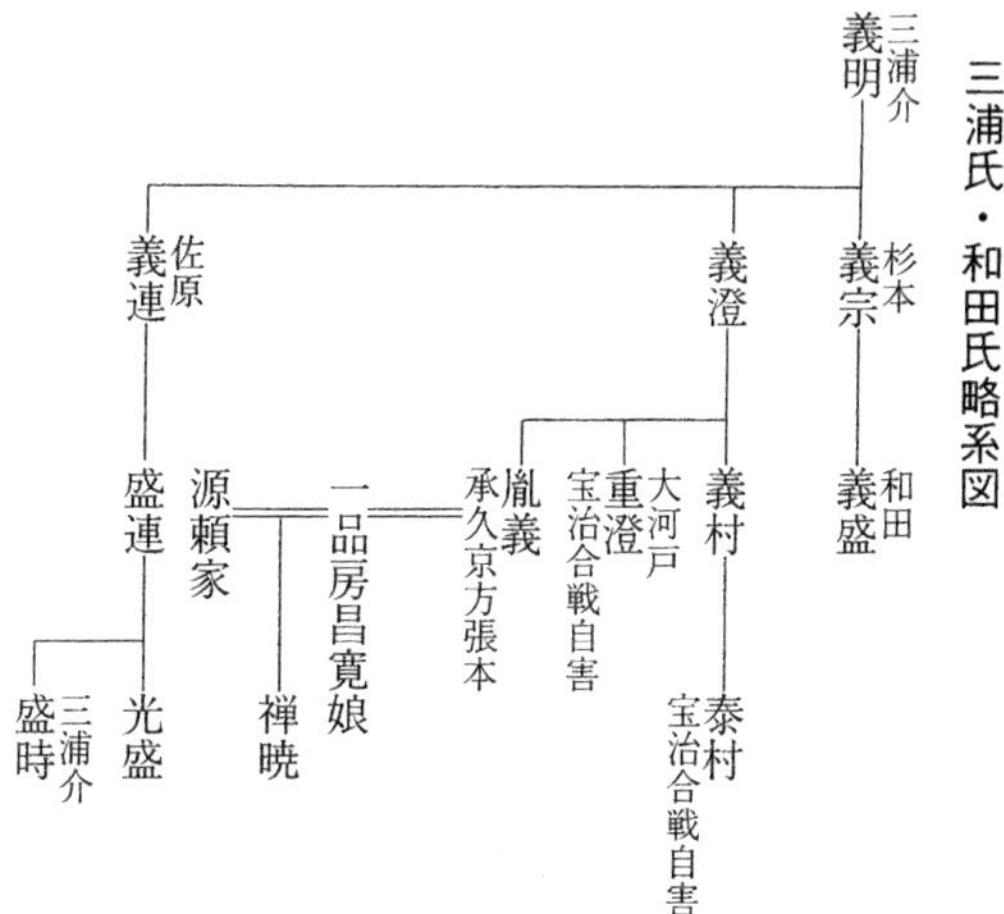

河越氏・畠山氏略系図

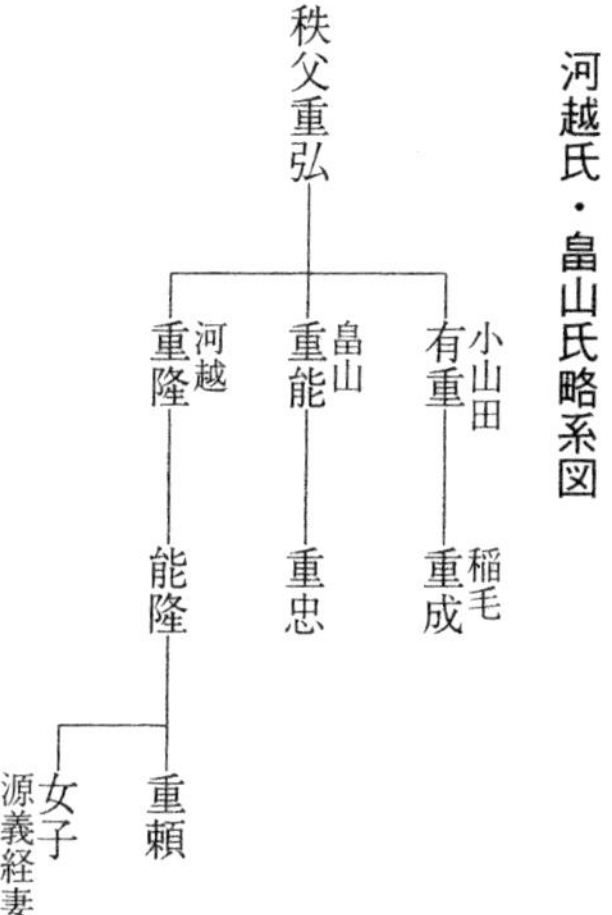

著者紹介

一九五九年、群馬県に生まれる
一九八六年、国学院大学大学院文学研究科博士課程後期中退
二〇〇七年、国学院大学博士（歴史学）取得
現在、神奈川県立金沢文庫主任学芸員

主要編著書
鎌倉幕府の転換点―『吾妻鏡』を読みなおす
金沢貞顕　金沢北条氏の研究　式部省補任
北条高時と金沢貞顕

歴史文化ライブラリー
299

鎌倉源氏三代記
一門・重臣と源家将軍

二〇一〇年（平成二十二）七月一日　第一刷発行

著　者　永井　晋（ながい すすむ）
発行者　前田求恭
発行所　株式会社　吉川弘文館
東京都文京区本郷七丁目二番八号
郵便番号一一三―〇〇三三
電話〇三―三八一三―九一五一〈代表〉
振替口座〇〇一〇〇―五―二四四
http://www.yoshikawa-k.co.jp/
印刷＝株式会社　平文社
製本＝ナショナル製本協同組合
装幀＝清水良洋・星野槙子

歴史文化ライブラリー

1996.10

刊行のことば

現今の日本および国際社会は、さまざまな面で大変動の時代を迎えておりますが、近づきつつある二十一世紀は人類史の到達点として、物質的な繁栄のみならず文化や自然・社会環境を謳歌できる平和な社会でなければなりません。しかしながら高度成長・技術革新にともなう急激な変貌は「自己本位な刹那主義」の風潮を生みだし、先人が築いてきた歴史や文化に学ぶ余裕もなく、いまだ明るい人類の将来が展望できていないようにも見えます。このような状況を踏まえ、よりよい二十一世紀社会を築くために、人類誕生から現在に至る「人類の遺産・教訓」としてのあらゆる分野の歴史と文化を「歴史文化ライブラリー」として刊行することといたしました。

小社は、安政四年（一八五七）の創業以来、一貫して歴史学を中心とした専門出版社として書籍を刊行しつづけてまいりました。その経験を生かし、学問成果にもとづいた本叢書を刊行し社会的要請に応えて行きたいと考えております。

現代は、マスメディアが発達した高度情報化社会といわれますが、私どもはあくまでも活字を主体とした出版こそ、ものの本質を考える基礎と信じ、本叢書をとおして社会に訴えてまいりたいと思います。これから生まれでる一冊一冊が、それぞれの読者を知的冒険の旅へと誘い、希望に満ちた人類の未来を構築する糧となれば幸いです。

吉川弘文館

〈オンデマンド版〉

鎌倉源氏三代記

一門・重臣と源家将軍

歴史文化ライブラリー
299

2021年（令和3）10月1日　発行

著　者　永井　晋（ながい すすむ）

発行者　吉川道郎

発行所　株式会社　吉川弘文館

〒113-0033　東京都文京区本郷7丁目2番8号
TEL　03-3813-9151〈代表〉
URL　http://www.yoshikawa-k.co.jp/

印刷・製本　大日本印刷株式会社

装　幀　清水良洋・宮崎萌美

永井　晋（1959～）

ISBN978-4-642-75699-0